# 高校体育文化理论与实践研究

黄中伟　袁超　何福洋　著

全国百佳图书出版单位  吉林出版集团股份有限公司

图书在版编目（CIP）数据

高校体育文化理论与实践研究／黄中伟，袁超，何福洋著. -- 长春：吉林出版集团股份有限公司，2022.8
ISBN 978-7-5731-1948-3

Ⅰ.①高… Ⅱ.①黄… ②袁… ③何… Ⅲ.①高等学校–体育文化–研究 Ⅳ.①G807.4

中国版本图书馆 CIP 数据核字（2022）第 143879 号

GAOXIAO TIYU WENHUA LILUN YU SHIJIAN YANJIU

# 高校体育文化理论与实践研究

著：黄中伟 袁 超 何福洋
责任编辑：朱 玲
封面设计：雅硕图文
开　　本：720mm×1000mm 1/16
字　　数：230 千字
印　　张：12.25
版　　次：2022 年 8 月第 1 版
印　　次：2022 年 8 月第 1 次印刷

出　　版：吉林出版集团股份有限公司
发　　行：吉林出版集团外语教育有限公司
地　　址：长春市福祉大路 5788 号龙腾国际大厦 B 座 7 层
电　　话：总编办：0431-81629929
印　　刷：吉林省创美堂印刷有限公司

ISBN 978-7-5731-1948-3　　定　　价：72.00 元

# P前言
## Preface

  体育文化是在体育活动中形成的物质文化与精神文化的集合体，即体育文化需要立足于一定的物质基础而存在，同时其又蕴含着许多精神层面的文化追求。作为校园文化的重要组成部分，高校体育文化凝结着广大师生在体育实践中创造的体育物质与精神财富，反之又促进着学生的全面发展以及和谐校园的构建。随着我国经济发展水平的提高，高校体育文化建设受到越来越多的关注，紧跟社会发展潮流，正确把握高校体育文化建设方向，通过整体规划、系统落实，提升高校体育文化底蕴，进而增强高校综合实力，无疑具有重要意义。

  当前的高校体育文化建设已经取得了一些成果，但也存在进度缓慢且质量不高的问题，究其原因，无外乎体育基础设施不够完善、师生对体育文化的认识不够全面、师资力量过于薄弱、缺乏长远建设目标与规划等，受这些因素的影响，高校体育文化的积极作用也被弱化。因此，高校要着力增加体育基础设施建设的经费，通过营造良好的体育文化氛围深化师生对体育文化的认识，以人才引进与定期培训等方法增强师资力量，同时遵循科学合理的原则制定体育文化建设的目标与规划，总之应充分调动一切有利因素，促进高校体育文化的繁荣发展。

  "十四五"时期，文化建设的地位更加突出，在校园内开展积极向上、格调高雅的文化活动成为诸多高校的一致追求，与此同时，为了践行以体育智、以体育心，高校更加注重体育文化活动的作用，越来越多的学者也投入高校体育文化的研究中，并产生了一系列研究著作，《高校体育文化理论与实践研究》就是其中之一。本书首先介绍了体育文化的内涵、产生动因、发展历程、主要特征、各种功能，分析了体育教学与体育文化的密切关系及二者的融合发展；其次，对高校民族传统体育文化、高校休闲体育文化、高校竞技体育文化、高校体育舞蹈文化、高校球类运动中的足球文化进行了理论与实践层面的研究，具体内容包括民族传统体育运动项目、特色游戏及其在教学中的推广，休闲体育文化的概念、属性、表现形态及其在大学生群体中的普及，竞技体育的发展趋势、内外部环境、人才选拔及其运动训练，体育舞蹈的课程设置与具体训练，足球文化建设及其技战术分析与训练实践；再次，关注高校体育文化的延伸与拓展，详细分析了家庭体育文化、社区体育文化及其他社会体育文化的相关内容；最后，将体育文化的发展置于新时期背景下，探讨了基于互联网的体育文化传播，阐释了现代体育文化的全球化与产业化演变。

本书内容翔实、条理清晰，为读者了解高校体育文化提供了资料借鉴，同时对当前各大高校的体育文化建设也具有一定的现实意义，高校只有切实行动起来，才能形成完善的体育文化，进而发挥其应有的价值。

另外，本书在撰写过程中得到了众多学者的支持和鼓励，同时参考和借鉴了有关专家、教研人员的研究成果，在此对其表示诚挚的感谢！由于时间紧促，加之作者对高校体育文化的研究深度有限，书中难免存在疏漏和不足之处，诚望广大读者批评指正。

# 目录

## Contents

# 第一章　体育文化概述

体育作为一种文化，是人类文化的一个重要组成部分。学习和了解体育文化，可以丰富对人类文化多样性的认识，提高自身的身体、心理和文化素养，进一步深化对体育的理解，从而促进人的全面发展。不同的文化形态、思想观念和价值意识，孕育了丰富多彩的体育文化。

## 第一节　体育文化的内涵

### 一、体育与文化

#### （一）体育与文化存在对应性

##### 1. 体育运动

体育运动是一个复杂系统，可分为竞技体育运动和非竞技体育运动两大类型，竞技体育运动又可分为优秀运动员高水平的竞技体育运动（其中有职业和非职业之别）和群众性、普及型的竞技体育运动。竞技体育运动必须以项目为载体，各种各样的体育赛事都是竞技体育运动的平台。非竞技体育运动则带有浓郁的消遣色彩，使人的生活更丰富。它和竞技体育运动具有的争胜性、表演性不同，仅仅只是为了健身、放松等，形式不拘，因人而异，个性化强，随意性大。

体育运动乃体育之基础。从历时态角度看，体育运动是起点，首先有了体育运动，然后才有体育产业的出现、体育规则的制定和体育精神的积淀。从共时态的角度看，体育运动是核心，离开了体育运动，体育产业、体育规则和体育精神将成为无源之水、无本之木，它们都要服从和服务于体育运动的发展。

但是，发展体育运动不但可以增强体质，而且可以塑造人的品德、开发人的智力、培养人的美感、磨砺人的意志，使人守章法、明道理、思进取、善合作。因此，人们不仅应将体育运动视为"身的教育"，而且应将其视为"心的教育"，它是身心统一的教育。

体育运动文化蕴涵在各种体育运动形式中，正由于此，体育运动形式越丰富，越能体现和满足人的文化需要。

## 2. 体育产业

体育产业的形成，是体育和产业共同发展的结果。随着生产力水平的提高，国民经济中新的产业部门不断出现，改变着传统的产业结构。当代产业的含义已经从产业是以生产物质资料为主导经济特征的物质生产部门扩展到了为生产和生活服务，并以信息、知识和精神为特征的一切生产部门。当前，世界各国都把体育产业作为第三产业，我国亦如此，包括体育竞赛表演业、体育健身娱乐业、体育信息传播业、体育场地服务业、体育培训业、体育广告业、体育金融保险业、体育商业、体育经纪业、体育建筑业、体育用品制造业。如果进一步概括的话，体育产业无非包括体育实体业和体育服务业两部分。体育服务业的文化性不言而喻，体育实体业的文化性亦一证便明。体育物质都是被生产出来的，而且是在特定的时代因为人的特定体育需要而被特定地生产。从体育服饰、体育器械到体育场馆，体育实体的不断拓展和壮大，印证着体育文化正走向辉煌。

## 3. 体育规则

没有规则，无以成方圆。这里讲的体育规则，广义上包括竞赛规则、训练规则及管理规则等。规则讲究科学合理，公平公正。对于体育竞赛而言，规则尤其重要，体育竞赛是双方或多方的博弈，规则决定了体育竞赛的基本形式和未来走向。

体育规则是体育人的契约，而契约签订的前提是对特定价值观的认同。契约是自由选择的结果，因此，体育规则的实施也就是体育人接受同一尺度的约束而共同行动。

体育规则文化的形成有两个层面，一是传统、习惯和知识的累积形成的体育规则文化的经验层面；二是由理性设计和建构的体育规则文化的预置层面。

## 4. 体育精神

体育精神是体育的灵魂和支柱，它涉及体育理念，体育价值取向和体育崇拜等。

"更高、更快、更强"是体育理念；"绿色奥运、科技奥运、人文奥运"是体育理念；"重在参与、永不放弃、永不气馁、永不低头"也是体育理念。

体育价值取向实现于三个方面：对个体而言，提高人的体能和完善人的身心健康，促进人的全面发展；对人与人的关系而言，倡导着"友谊与团结、和平与公正、关爱与尊重"；对群体与群体的关系而言，体育的"神圣休战"化干戈为玉帛，乒乓外交为长期冷战对抗的中美两个大国建立外交关系堪称佳话。在现代社会，体育作为人类一种通用语言，不用翻译与解释，人们就可以顺畅地表达与交流，让人们之间更容易沟通、让合作更广泛、让处处出现新的可能性。

崇拜发生在人类生活的各个部分，就其场域而言，有科学崇拜、符号崇拜等，就其人物而言，有对政治家的崇拜、有对诗人的崇拜、有对演员的崇拜等。体育崇拜则有对体育形式的崇拜，比如永远充满激情与诱惑的足球，有对体育明星的崇拜，比如有独门绝技"圆月弯刀"而又帅气的贝克汉姆（David Beckham），有对体育人物的崇拜，比如百折不挠重建奥林匹克运动会的萨马兰奇（Juan Antonio Samaranch）。

体育精神是人类体育运动的产物，又对体育运动发展产生巨大影响，北京奥运会中国登上金牌榜首位，标志着中华民族精神的斗志昂扬，极大地鼓舞了中国人的体育自信，国人的各种形式的体育参与也表现出前所未有的热情。体育精神属于观念文化范畴，它不是外在于体育运动以及体育产业和体育规则之外的空洞抽象，而是内在于它们之中，作为它们的思想依据、信念支持、目标理想等。换言之，体育精神指涉的是人们发展体育运动和体育产业，制定体育规则的目的、动机和意图，指涉的是人们对名次、奖牌、荣誉，对项目设置、场所风格功能和使用，对打假球、服兴奋剂，对市场、产值和利润所持的看法、立场和态度。

### （二）体育与文化互动共生

1. 体育推动文化

体育对文化的推动表现为：体育丰富了文化的形式、体育充实了文化的内容、体育扩展了文化的功能。体育运动形式的多样性以及欣赏各类体育比赛的特定礼仪为行为文化添砖加瓦；体育产业的兴盛，不仅提供了实物支持的有形产业文化，而且在物质文化领域衍生出体育服务等无形产业文化；围绕赛事安排、公平竞赛各方面体育规则的不断完善，不仅创新了体育的制度文化，也对社会行为的制度规约发生着辐射效应；前述的体育理念、体育价值取向和体育崇拜，则在人类精神文化上产生新指引。

2. 文化进入体育和体育成为文化

文化进入体育，不是文化对体育的侵入，而是体育对文化的呼唤，实质上是体育的合乎历史发展逻辑的文化生成。

由于文化的生成是物质、观念、制度和行为的相辅相成、相得益彰，与此相关，文化进入体育见诸体育物质支持的日益增强、体育精神追求的持续提升、体育竞赛制度的严格规范和体育运动行为的科学完善等。

体育成为文化在于体育人的文化自觉。体育作为一种育化方式，一开始仅仅是身体运动的传授，与人类的生存具有直接相关性。当人类的生存问题得到基本解决，体育的意义才与人的发展联系在一起，对人的身心关系、人与人的关系、人与社会的关系以及人与自然的关系产生重大影响，从而原初简单的运动被赋予越来越高的文化使命，使体育更具人文影响，形成了稳定的体育运动形式、常规的体育赛事、可通约的体育文本以及普适的体育理念，对人的培养和熏陶也越来越全面深刻，体育也就自然而然地成为文化的一个组成，与其他的育化方式共同影响着人类的存在方式和历史进程。

从体育与文化的互动共生看，文化进入体育，体育成为文化后，作为一种亚文化，便与其他亚文化彼此影响着，这种影响，有时是相互促进、相互渗透、相互贯通，有时也相互约束、相互冲突、相互抵制，这些其他的亚文化，人们特别要关注的是政治、军事，此外还有科学、文学、艺术，等等。离开与其他亚文化的彼此影响，人们就不能看清体育问题。也正是因为文化对体育的进入，体育成为文化后作为亚文化形态与其他亚文化形态的相互影响，体育方才愈发绚丽多彩、生机勃勃、魅力无穷。

## 二、体育文化的概念

体育文化是指人通过体育活动在改造客观世界、在调节自身情感、在协调群体关系的过程中所表现出来的时代特征、地域风格和民族样式。广义而言，体育文化是指为丰富人类生活，满足生存需求，以身体为媒介，把满足人类需求的身体活动进行加工、组织和秩序化，形成获得社会承认的、具有独立意义和价值的文化。它包括精神文化（体育观念、意识、思想、言论等）和行为文化（体育行为、技术、规范、规则等）两大部分；狭义而言，体育文化是将生产于社会生活的体育作为有价值的活动加以肯定，并赋予一定的知识文化内涵，从而使体育由自然活动变成文化活动。它包括与艺术、宗教、学术、文化娱乐以及传播媒介等有关的体育活动和体育作品，如体育舞蹈、艺术体操、武术、体育摄影、体育雕塑、体育建筑、体育音乐、体育文学、体育研究、体育大众传播等。

由于体育概念本身有丰富的内涵，以及人们对文化概念的多种界定，人们对体育文化认识也多有不同。一般认为体育文化是由三个层次或三个子系统组成的结构——功能体系。

体育文化的深层结构：与体育有关的哲学思想、价值判断、健康观、审美观、意识形态等构成的思想体系，其功能是决定体育文化具体形态的存在依据、发展原则和发展方向。

体育文化的中层结构：由一系列与体育有关的制度和组织要素构成的组织体系，决定着体育文化的组织结构和操作效率。

体育文化的表层结构：将深层的体育观念通过中层组织结构付诸实践的操作体系，表现为体育文化的外部形态和外在特征，如具体的健身行为、运动竞赛、体育设施的设计等。人的一切社会行为包括体育行为都是有目的、有意识的，因此体育文化深层结构是一切体育行为的根本原因；处于中层的结构组织体系是连接体育思想与体育行为的中介；表层的操作体系则是体育思想体系的具体物化过程。这种物化的结果，又具有对体育思想体系进行修正的反馈功能。

在体育文化中还存在着若干体育亚文化，这些体育亚文化可以依据不同的标准进行划分，如按体育活动的类型划分为竞技体育文化、健身体育文化、娱乐体育文化、职业体育文化等；按体育活动的场所划分为企业体育文化、学校体育文化、社区体育文化、农村体育文化、部队体育文化等。

## 三、体育文化的分类

体育文化的类型是多种多样的，其中，较为常见的有以下几种：

### （一）不同性质的体育文化

体育文化可以根据其表现形式和层次的不同，划分为不同性质的体育文化。这些体育文化类型往往由于载体、目的和群体的不同而呈现出不同的特性。较为常见的不同性质的体育文化主要有竞技体育文化、运动服装文化、运动看台文化这几种。

1. 竞技体育文化

竞技体育既具有有形价值，又具有无形价值。其价值主要表现为以下几点。

（1）标志人体的潜能。人类在与自然接触和斗争的过程中，也在认识和改造自我，竞技体育就体现了人类自我力量的不断发挥。在竞技体育这一过程中，每个参加者都向新的高度和新的纪录发起挑战，人类身体的潜能也随之一次次不断地得到提高。值得一提的是，竞技场上的竞争不仅依靠运动员的体能和技能，而且还需要他们的智慧。这就在竞技体育实力的角度使其成为一个社会文明程度的显性标志。

（2）愉悦人的情感。对于观众来说，观看竞技体育比赛可以愉悦身心。竞技体育已经成为娱乐文化的一部分。在合乎社会规范的前提下，进行体育欣赏可以使人的社会情感得到净化和升华，使民众的审美情趣和鉴赏力得到提高。

（3）规范言行。竞技体育的规则确立不仅可以确保参加者在公平竞争的原则下比赛，而且也将遵守规则和守法思想及行为迁移到生活中，观众不但在体育馆乐于接受，而且对奖赏、处罚的理解也延伸到生活中。体育道德为在竞争中守法，确立了一个现代人必不可少的规范。

（4）社会仪式的确立。竞技体育往往伴随着升国旗、奏国歌以及圣火传递、裁判员和运动员宣誓等仪式，成为一种留存竞技体育的文化痕迹，对人们社会心理的聚合和民族尊严的维护都十分重要。

（5）体现文明的建筑。竞技体育的高级别比赛需要在现代化的体育设施内进行，通过体育建筑设施以及配套的公路交通、通信广播、旅馆饭店的水平可以直接反映出城市的现代化水平和发达程度。由于体育建筑具有社会容量大、国际影响大、摊得开、举得高等特点，再加上体育雕塑、壁画烘托，成为城市建设的"时装模特儿"。社会的风貌可以通过体育建筑的形式和风格来反映，体育建筑常常作为一种文化影响人们的心理。

2. 运动服装文化

运动服是以实用为原则，为运动而设计的服装，适用范围较为狭窄。但在实际生活中，许多情况下的运动服并不是以实用为准则，具有适应性强、流行范围广等特点，是其他类型的服装所不能比拟的。早期运动服的设计注重美感与实用，女式运动服是性别特征的表现和展示，男式运动服则往往是社会地位的象征，随着时代的进步，现代运动服逐步加入时装的潮流中。

3. 运动看台文化

在运动赛事中，观众具有临时性、流动性大的特点，聚集在一起观看运动比赛，同竞技者发生双向关系，对竞技体育的发展产生直接影响。这个群体通过自己特殊的构成方式、心态和行为表现，从而形成了一种特定的群体文化。用运动看台文化这个概念，表示竞技体育赛事进程中入场直视或非直视的观众的心理和行为的总体，它是一个由看台和传媒联结起来组成的，形成一种具有共同心理需求的特殊社会集群和社会文化现象。看台文化是体育文化必不可少的组成部分，它是由物质的看台建筑与观众守则、观众心态和行为等构成的文化统一体。

## （二）不同民族、不同地缘的体育文化

体育文化共同特点就是带有浓厚的民族心理、国民性、宗教信仰和地域色彩，使得许多体育文化成为民族、国家、宗教信仰圈、地域文化的有机组成部分。

从地缘角度来看，正是散裂的地缘分布，使希腊人长期以来习惯于城邦制小国寡民的政治格局，甚至养成了一种城邦崇拜情结，根本未能表现出实现任何形式的政治统一的能力。古代奥运会之所以能在希腊举办1000多年，可能是由于先天不足的地缘和政治条件，迫使希腊人不得不举办古代奥运会。地理和社会条件与奥运会的关系可以比作为"苦痛与抗争"。

## （三）不同运动项目的体育文化

浓厚的体育文化意味都孕育在许多流行时间长和传播范围广的体育项目中，可以依据项目本身建立起一整套能够反映出社会文化某一方面的稳定规律的体育文化规范，如风靡全球的健美操，拳击，具有鲜明民族风格的斗牛，美国国民性的棒球、篮球、橄榄球、冰球，北欧国家极具地域色彩的冰雪体育，足球，中国武术、龙舟、秋千、风筝等项目，都可以在其体系中建立起一系列名为体育文化的内容。

运动项目的体育文化不仅是由项目特有的运动形式所决定和组成的，它还包括项目产生和发展的社会文化背景，项目组织的制度和规范，项目兴盛的社会心理原因等多种文化因素。因此，在探讨项目体育文化的内涵时，既要兼顾项目的运动方式所蕴含的文化特质，又要对影响项目发展的社会文化环境加以考量，两者缺一不可。

# 第二节　体育文化产生的动因及其发展历程

## 一、体育文化产生的动因

任何的事物发生变化和发展都是有属于它本身的矛盾和驱动因素存在的。体育文化的产生也不例外，在特定的历史环境下，促使它产生和发展的动因多

种多样，其中，较为显著的有以下三个方面：

### （一）根本动因

体育运动起源于人类日常的生产生活中，由此可以认定体育文化的起源也应与劳动相关联。但是从体育社会学的观点来看，得出的结论不应仅限于此，其理由为人类的文学、语言、艺术等活动均产生于劳动生活，而体育运动与这些文化相比会表现出明显的不同。这一显著特点不同于人类的其他行为形式，而且又区别于动物本能的肢体活动。所以，这个问题是非常值得研究和探讨的，研究这个问题无疑会对发掘体育文化的本质，从而更好地将体育文化发扬光大，最终成为体育领域不可分割的一部分。

首先需要认定的是，在考察人类起源时，首先注意到一种超生物肢体——手的形成。人类进化出的手明显与动物的爪不同，手的发达表明人类已经发展了一种借助自然物延长自己肢体的能力，有了手的存在便可以对抗和适度改变自然，以此实现自身的利益和目的。手的形成标志着人的社会属性的形成，和人们使用的各种工具具有同等重要的价值。并且由于手的形成，也逐渐改变了人的其他肢体的形态和功能，如人的腿和脚不再仅仅用来支撑和移动身体，也可以用来掌握工具，进行劳动。人类的这些超生物肢体需要不断健全和完善，提高活动能力，也需要不断开发新的功能。因此，体育文化应运而生。

人类从猿到人的演化过程中，超生物肢体的形成只是一方面，另一个发生本质性变化的则是人类对超生物经验的积累，这些经验不仅包括人类使用劳动工具，进行集体劳动的知识、技能等的技术和经验，还包括人类的情感体验、意志指向等。这些积累下来的经验需要世代延续和彼此交流。在语言产生之前，这些经验的交流、传播和延续主要依靠体育文化来进行。这是体育文化产生的根本动因。

### （二）重要动因

1. 社会需要动因

为人类服务，是体育最初产生的作用和目的所在，无论是作为强身健体、休闲娱乐还是军事训练的手段。因此，在研究体育文化产生动因的问题上可以选择"需要理论"进行研究和理解。

人类的生存是需要多个方面的需求才能实现的。在远古时期，人类的需要就是吃饱、穿暖。随着人类社会的不断发展，尤其是进入现代文明社会后，人们的需求种类越发增加，除吃饱穿暖这些基本的生存需求外，还有生理、心理、安全，娱乐、社交、信仰等需要。这些需要都在体育文化产生之初打下了印记。因此，军事格斗、宗教祭祀、舞蹈娱乐、医疗保健等社会需要都是推动体育文化产生的重要动因。

2. 非劳动性的动因

体育文化起源于人类最基础的生产生活之中。此后随着人类社会的进步和发展，生产力水平得到大力提升，单纯依靠大量人力的生产活动逐渐减少，再加上竞技元素的加入使得体育逐渐摆脱了劳动性，而成为一种非劳动性的活动。

劳动是作用于自然或其他物质，目的在于改造客观物质的自然属性，而体育是以人自身的活动来改变人自身的自然属性和社会属性。在体育活动中，主体和客体是统一的。还有一点可以作为证明体育为非劳动性活动的观点，就是劳动产生的结果是生成某种使用价值，而体育运动产生的结果则是产生锻炼效果和竞技价值，并没有带来某种与劳动相同性质的使用价值。因此，体育文化自产生之日起就逐渐与物质文化体系相分离，成为社会上层建筑的一部分。

## 二、体育文化的发展历程

### （一）原始体育文化的发展历程

1. 萌芽阶段

（1）发展情况

在与今天相距 300 万年到 20 万年之间，人类还处于"猿人"阶段，这一阶段的人类主要是对一些简单粗糙的工具进行制造，如木棍、石块、骨头等。这些工具主要有两种用途，第一，改造自然；第二，作为武器被用来防护自卫。人类因为自身机体结构的限制而无法在很大的范围内活动，也无法充分发挥自己的能力和潜力，而这些工具的制作与使用使人类的活动范围得到了拓展，潜力得到了发挥，这极大地促进了人类的发展，使人类在广阔的范围内施展着自己的技能。此时，人类一些群体性的身体活动已经形成，并出现了一些简单的技能练习，这些技能练习与生产劳动技能相分离，主要目的是为劳动做准备。

此外，人类具有动物性本能，在这一本能的影响下，嬉戏这种原始的身体娱乐活动逐渐产生，而这主要是由原始人群的身心需要引发的。

（2）发展特征

在原始体育文化发展的萌芽阶段，体育文化的特征主要表现在以下几个方面。

①火的使用使人的体质得到了改善，使原始人的活动方式得到了拓展。

②原始人类在劳动中使用工具时伴随着一定的身体运动技能，血缘家族为这种技能的传习提供了可能。

③由于原始人的身心需要，原始娱乐活动逐渐产生，这些活动以身体活动为主要表现形式。

以上因素是原始体育文化萌芽的标志，同时也是原始体育形态的主要特点。

2. 初步发展阶段

（1）发展情况

人类发展到与今天相距 20 万年至 1.2 万年间时，已进入"智人"阶段，这一阶段的人可以对比较稳定的生产工具进行制造，如石器、骨器等，而且制造工具的水平明显比"猿人"阶段高。随着生产水平的提高，人类逐渐开始进行身体练习。原先人类的身体活动是为了劳动做准备，而现在的身体练习已经从劳动中分离出来，具有一定的独立性。这一阶段的群体活动呈现出了组织性、规律性的特点，这与氏族社会的形成有很大的关系。

此外，这一时期还出现了比较稳定的原始教育活动，主要以身体活动为教育形式。随着生产分工的不断明确，劳动技能发展的专门化趋势也来越明显，受此影响，人类的身体活动技能也越来越细化，并出现了丰富的身体娱乐形式。不仅如此，我国原始的骨针灸疗法也出现在这一时期，这些都说明原始人有了较强的自我养护意识和能力。

在旧石器时代的中期和晚期，原始体育文化的发展具备以下重要条件。

①这一阶段人类的发展与进步为体育的产生提供了非常重要的条件。

②随着人类体质的不断成熟，人类的运动系统和器官也在日渐形成，并趋于稳定，大脑思维的不断进化改善了人体神经系统的功能，为原始体育的发展提供了一定的条件。

③这一时期真正促使原始体育萌芽与发展的催化剂是社会因素，如氏族社会的稳定、劳动分工的细化等。

在原始体育文化的发展中，以上三个条件缺一不可。这三大条件真正开始发挥作用是在晚期"智人"时期，因为这一时期这些因素才逐渐成熟起来。

（2）发展特征

在原始体育文化的初步发展阶段，体育形态的特征主要表现在以下几个方面。

①随着劳动分工的出现，人类逐渐认识到了身体活动技能的多方面功能。

②氏族社会的产生促进了原始体育教育活动的形成与稳定。

③这一阶段出现了原始身体娱乐和保健活动形式。

以上因素是原始体育文化初步发展的标志，同时也是原始体育形态的主要特点。

3. 进一步丰富阶段

（1）发展情况

在与今天相距 12000 年至 5000 年之间，从体质上来说，人类已经进入"现代人"阶段。这一阶段，人类已经有能力生产食物了，而且开始采用更高水平的磨制技术来生产石器和复合工具，这些都促进了人类劳动水平、身体活动能力的提高和身体活动空间的拓展。随着农业的发展，人类开始追求定居生活，这一新的生活形式扩大了集体传习活动的规模，使这类活动更加规范严谨，而且当时盛行行气术，并出现了大量的游戏，这些都说明人类已经有了较强的养生观和娱乐观，而且人类的活动能力有了明显的提高。

（2）发展特征

在新石器时代前期，原始体育文化的进一步丰富主要表现出以下特征。

①出现了纯粹的原始体育器械。

②产生了相对独立的身体运动形式。

③身体技能的传习活动进一步稳定、规范。

④社会上出现了丰富多样的游戏和养生保健活动。

以上因素是原始体育文化进一步丰富与发展的标志，同时也是原始体育形态在新石器时代前期表现出的主要特点。

4. 完全形成阶段

（1）发展情况

在与今天相距 5000 年左右的时期，人类进入了父系氏族公社时期，并正逐渐向文明时代过渡。原先人类的身体活动主要是为了生产和娱乐，而在氏族社会后期出现原始战争后，身体活动的目的发生了变化，即主要为了提高攻防格斗能力和自我防卫能力。为了应对战争，人类生产了武术器械，如弓箭等。这一时期的军事战争在一定程度上促进了身体活动的发展，尤其是实用性身体活动的发展，娱乐性身体活动和教育类身体活动虽然也得到了一定的发展，但这一阶段身体活动的娱乐功能和教育功能相比于军事功能，并不突出，人类为了更好地战斗，纷纷进行身体活动，为军事做准备。

为满足战争需要的身体活动对活动者的身体素质、技能提出了较高的要求，当时的"青年营"对体育颇为重视，通过体育来培养人们的身体能力，并对人们的作战能力进行检验。此时还出现了原始综合性运动竞赛、仿生性肢体运动形式及多样化的养生方式。

（2）发展特征

总之，这一阶段体育文化的主要特征表现在：原始体育器械出现了形式和功能比较完备的体系，锻炼身体技能和愉悦身心的军事性的身体活动方式相对稳定，原始体育教育逐渐独立，且在内容和形式上日渐多样化，原始祭礼赛会标志着竞技运动的出现和原始体育的最高阶段。这些因素标志着原始体育文化的完全形成。

## （二）现代体育文化的发展历程

体育文化历史悠久，经历了长期的发展过程，在发展的过程中体现出了体育文化发展的相关因素以及特性，这主要表现在以下方面。

1. 从体育的演进历程来看体育文化的发展

（1）人类社会的演进对体育提出了必然要求

随着现代社会的不断发展，各种社会关系越来越复杂，但是，人与人以及人与自然环境之间的关系却是相对稳定的，在生产力逐步提升以及余暇时间不断增多的情况下，人们开始注重生活的质量，于是从事各种艺术和军事的职业人士开始出现。在传统社会背景下，人们的生活空间受到一定程度的压缩，在封闭的条件下，体育活动的地域性、民俗性、宗法性等特点就逐步形成了。后来，随着工业革命的进行及现代社会的变革，人们的体育活动也发生了较大的改变，体育逐渐成为人们的一种生活方式，与人们的日常生活发生着日益密切的联系。

随着现代科学技术的发展，体育科学研究也获得了一定的发展和进步，关于人体运动的学术研究资料越来越多，这为体育文化的发展奠定了坚实的理论基础。经过长时期的发展，体育已不再是贵族圈子和民俗的一部分，体育开始向着大众化方向发展，成为人们社会生活的重要内容。发展到现在，体育文化的特点越来越鲜明，成为独具特色的文化现象。第一，随着现代社会的发展，体育文化中原始部分内容逐渐消退，现代化的元素逐渐增多；第二，新的民主和平等观念深入人心；第三，体育文化的科学性更加浓厚，获得可持续发展；第四，体育文化的发展难免遇到一定的困难和挫折，但不论如何都不会停下脚步，都是始终向前发展的。

随着现代社会的不断发展，现代体育文化也日益丰富和完善。在体育文化发展的过程中，科技革命和经济的发展为体育文化的传播创造了良好的条件，政治和经济成为推动现代体育文化传播的推动器，在这样的条件下，体育文化传播的速度进一步加快。需要注意的是，在现代社会背景下，高科技手段越来越得到广泛利用，这在一定程度上改变了体育文化本来的面貌，各种电子产品的使用给予了人类体育文化新的挑战，目前机器人健将和生物工程运动员正在受到越来越广泛的关注。

（2）人类发展的过程为体育创造了充分条件

人类在生产与生活的各种活动中，逐步孕育出体育文化的因子。体育运动的形式并不是一成不变的，随着时代的发展和变化，体育文化也会随之改变。最初的体育形式主要以徒手表现技艺为主，后来随着社会生产力的不断发展，使用体育器械的运动形式大量出现，这对于人类本身及体育文化的发展而言都具有深远的影响和意义。

纵观整个人类社会的发展历史，出现的各种形式的体育文化，其主要目标都是使人驾驭外在工具的能力得到有效提升，从而促进人类社会的不断发展，而在人类文明发展的过程中，体育文化在其中扮演了非常重要的角色。以下几个方面可以揭示出体育文化对人类社会的重要作用。

①在历史长河中，人类意识的进化促进着体育文化的不断发展。

②体育运动的发展，是从各种体育运动工具到专门运动器械发展的过程。

③体育运动由初期的、形式单一的活动内容，向成熟的体育文化体系方向发展。

④体育运动由初期与其他文化形态的混合发展，向后来独立性的专业化方向发展，并因此逐渐形成独特的体育文化体系。

综上所述，体育文化就是在这样的背景和形势下，逐渐成为现代社会的重要组成部分，并获得进一步的丰富、完善和发展。

2. 从体育的逻辑演进来看体育文化的发展

（1）现代人对体育运动的认识与掌控方法的发展

在现代社会发展的背景下，哲学、艺术等各种学科都获得了不错的发展，成为人们知识结构与文化体系的重要内容。体育文化作为人类社会文化的重要内容，也受到各种文化成果的熏陶而获得不断发展。体育本身的人文内涵与文化特性都将自身与人类精神实质的契合进行了标示，人们可以从各个层次进行哲学思考。在体育文化发展的历史长河中，体育在自己的发展过程中不断获得来自其他人类文化成果的抚育与熏陶，在发展的过程中深刻揭示出自身的特性，从而获得可持续发展。

（2）现代人对体育运动的组织与管理方法的认识

发展到现在，知识对于整个社会的发展越来越重要，人们只有具备一定的知识储备才能跟上时代发展的步伐，为社会发展做出贡献。在体育领域，不论是体育院校的师生，还是一般的体育爱好者，都要接受体育方面的人文锻造，否则，就会对体育文化的转型产生不利的影响。另外，提高人们的体育文化素质也不应是简单地将体育人文知识引入进来，而是培养人们的体育思想意识和习惯，转变思维观念，与现代社会获得同步发展。

# 第三节　体育文化的主要特征

## 一、体育文化的一般性特征

### （一）民族性与人类性

体育文化的民族性是指一定民族在历史上由于生存区域、生存环境、生产和生活方式、文化积累和传播等的不同而导致产生的不同于其他民族的体育文化。

体育文化的人类性指一个民族的体育文化中所其有的普遍性的品格能够为世界其他民族理解或吸收，其动因是人类具有超越民族界限的共同的同一需求和理想。体育文化的人类性的另一含义是一个民族的体育文化中最能代表它的精神风貌、最有生命力的要素具有世界性的价值和意义，如中华民族古老的养生文化具有追求生命质量的人类共性，这是人类体育文化的一部分，有着超越地域、语言、民族、国家界限的力量。

人类文化的存在和发展，不仅有共性的一面，也有极富个性的一面。这种人类文化的差异性，就是民族性的表现。各个不同地域的人类，创造了不同类型、不同形态的文化，又塑造了具有不同文化特征的群体。任何形式的民族文化，都与本民族的形成、延续和发展密切相关，都与本民族的地理环境有关。任何一个民族的体育文化都是发生、成长在相对固定的地域内并逐步成为全民族共同的文化现象的。从这个意义上讲，任何体育文化都是民族的，超民族的体育文化是没有的。但是，一个民族的体育文化生长到一定程度便要膨胀，必然突破旧有的躯壳向外部扩散，同其他民族的体育文化接触，或者被动地受到来自外部的影响。

体育文化民族性的核心内容是民族的语言、心理、性格以及在此基础上形成的体育文化模式。不同的语言、心理、性格导致生活方式和体育文化的差异，这些差异又内化于民族的心理和性格等因素中，固化了体育文化的民族性，使之难以动摇。

民族体育文化越是独立地发展，与其他民族体育文化的差异就越大，进行交流的可能性就越大。体育文化的人类性寓于民族性之中，其民族性与人类性不是两个实体，而是一个实体的两个方面。一种体育文化同时具有民族性与人类性，前者是就它的内容和形式与其他体育文化系统的差异性来说的，后者是就它的内容和形式与其他体育文化系统的同一性来说的。虽然体育文化在运动观念方面存在着难以相互借鉴甚至理解的问题，但是不同民族体育文化总是在运动、组织形式等方面存在共通性或者易于相互吸收。实际上，世界上的许多民族性很强的体育文化也是跨民族的。境、风土人情、经济条件、生产水平乃至社会结构相适应。

**（二）经验性与科学性**

体育文化的经验性是指体育文化作为人类文化的一种形式总会具有依据经验进行生产和传承的属性。体育文化是人类为满足自身的身心发展需要创造出来的一种文化，由于人类认识水平的局限和改造能力的限制，总是要依据自己的经验进行体育文化的塑造。体育文化的科学性是指体育文化的运作和发展必须依靠科学指导的属性。人体首先是一个客观的物质存在物，具有客观性和规律性。其自身的成长和改造规律必须由科学来指导。例如，运动水平的提高和纪录的不断突破都是建立在对人体运动规律和自然界变化规律的科学认识和合理掌握的基础上的。应该说，体育文化的经验性和科学性是辩证统一的。由于体育文化以身体运动为基本手段，这使得依据以往经验进行体育文化锻造具有一定的优势，当然，科学性也是体育文化须臾不可缺少的。两者将并存于体育文化之中。

**（三）继承性与变异性**

体育文化的继承性是指体育文化经过不同时代仍然保留原有的某些特质的属性。体育文化具有通过语言、文字、图像等媒介在人们的意识领域和社会价值体系中传承的特性。当然，体育文化由于以身体动作作为基本形式，所以身体是其主要传承形式，但依附于体育文化之上的独有的语言和文字也具有强大的传承功能。体育文化的变异性是指体育文化在历史发展的过程中发生内容、结构甚至模式变化的属性。当然，体育文化的变异并非总是积极的或全部是积极的。历史发展的曲折性就表现在体育文化发展的方向是进步的，但在前进过程中会有挫折。中国文化自殷商以来，代代相承，虽多有曲折，却从未中断。中国体育文化也是如此。

### （四）社会性与群体性

文化的社会性，也称文化的群众性。这是因为任何文化都离不开大众，更不能离开社会，体育文化也不例外。如果说人离开了文化，就不能成为真正的人，同样，社会离开了文化就会变成一个愚昧的社会。因此，人、文化和社会三者之间形成了相互关联、相互作用的复合体。

文化的群体性主要表现为两点：一是表现在任何体育文化的产生都是群体创造的产物。即使是个人创造的，也必须经由群体接受、丰富才能成为体育文化；二是表现在体育文化的传播上，体育文化对人而言是在后天的社会生活中通过群体性的途径获得的。体育文化是一种超个体存在，其遗传也是超个体传播。体育文化的传播通过群体得以广泛流传，使其传播速度和范围优于其他物质形态。体育文化传播的群体性是体育文化发展的动力。

## 二、体育文化的自身性特征

### （一）健身性与竞争性

体育文化的健身性是指体育能够对人的身体和心理进行改造的属性。体育活动的强身健体功能已经被世人所公认。在现代社会，科学工作者更是用大量的科学实验研究进一步揭示了运动与人类健康之间的密切关系。为了有更健康的体魄，许多人开始选择体育活动来增强体质。但是在充分认识到体育文化健身功能的同时，还必须要注意科学健身的方法，即"动"必有序，"动"必有道，否则，适得其反，有害健康。

体育是一种竞争鲜明的文化，体育的竞争，是指在运动场上，两个以上的个人或集体在同一规则下，争夺同一目标的活动，先得者为胜，不得者为败。体育的竞争，不仅仅反映在竞技体育上，就是群众体育也有好次、强弱、大小、先后、高低之争。现代体育比赛不仅比身体、比技术、比经验，而且比思想、比意志、比作风和拼搏精神，是一种全面的抗衡和竞争，对参加者的各个方面都是一种严峻的考验。因此可以说，竞争是体育的灵魂，没有竞争就没有超越，就没有创新和发展。但是体育的竞争，毕竟是文化领域的竞争，它提倡一种公平竞争的精神，即"fair play"。通过竞争，揭露矛盾，发现对手的优势是什么，自己的劣势是什么。伴随而来的"危机感"鞭挞着人们的惰性，使参加者为了每时每刻都置身于优胜者的殿堂，不得不终年刻苦训练，"闻鸡起舞"。每当他们克服一切困难而使自己的成绩有所提高并最终战胜对手时，精神也随之获得了升华。这种竞争精神也是我国在改革开放和经济建设中所急需的。与此同时，因为体育比赛的激烈性与比赛结果的不确定性，使得体育运动的竞争性与其他文化活动相比更具有独特的魅力。

### （二）教育性

人类为了适应大自然得以生存以及繁衍后代，会把一些生活经验以及相关的技能教给他们的后辈，人类的教育随之产生。在这些经验以及技能中，可以发现许多基础体育技能，比如说奔跑、跳跃、投掷、攀登、拍击等，这些也就构成了青少年平常的基础活动。体育教育也就是在这些基础上产生的。由于社会的不断进步，体育教育的方式也变得多种多样。体育也和其他的文化活动没有什么区别，都是通过教育活动来开展与壮大的。

从更深层次看，通过体育教育不但可以教授相关体育技能，还有助于"培养人的勇敢"。古希腊人对体育尤为看重，通过体育活动不但可以锻炼身体，而且最大的意义就是能够更好地锻炼人的毅力及培养人们树立良好的思想品德。在苏格拉底和柏拉图以及亚里士多德的身上就可以发现三种独特的精神，那就是自律、果敢和公平，这些品质伴随着他们的一生。体育在德行与品质的教育中意义重大。参加体育活动不但可以锻炼人的毅力，还能够增强孩子们相互之间的沟通能力，让他们树立正确的竞争意识，增强他们的团队合作意识等。体育活动是多人参与的，经常会有许多需要合作的活动，孩子们在这些活动中可以学会怎么去进行合作。体育比赛一定要做到公平公正，这样孩子们才能真正感受到竞争的魅力，在赢得胜利的时候才会获得快乐，同时还能够感受到失败的味道，让孩子们可以正确地迎接竞争，树立正确的竞争意识。体育活动是一项很积极的休闲方式，在体育活动中，孩子们不但可以体会到体育的魅力，还能享受到竞争的快乐，可以锻炼他们的毅力。通过体育活动，不但可以提升他们的体育常识，还能锻炼身体，让孩子们逐渐养成良好的体育习惯。体育应该以人为本，促进人全面、自由的发展。这种思想体现在雅典时期的教育中。雅典的教育在人类史上第一次提出了关于人的平衡发展的目标：作为完整的人，其身体与精神应获得同样的、良好的发展。而现代体育更是把人的全面发展作为基本目标。体育对于人的审美意识的培养具有重要的作用。古希腊人就是按照他们对美的理解，要求体育塑造人的健康美与力量美。美有许多形式，健康、力量、速度、平衡与和谐、技巧等都是美的体现，而这些美都与体育活动有关。

体育的教育性还表现在为所有参加体育活动的人实现个体的社会化提供了极好的熏陶，这一点对于少年儿童更为重要。由于体育竞赛实现了规则和竞争的有机统一，体育竞赛的这种约定或限制下的公平性竞争为社会成员提供了一种契约社会的典范。而这种示范作用，对于人们如何参与社会竞争的精神构建会起到一定的正面影响和作用。特别是对在今天激烈的竞争中构建和谐社会具有一定的积极作用。

西方很早就认识到体育是通过身体的教育。威廉姆斯（Deron Williams）强调，虽然体育的教育作用是通过运用身体活动，用自然法则的方式来实现的，但是它的目标远不限于身体（肉体）。它寻求教育发展的整个领域，包括学生的心智和社会发展。当身体获得了物质上的发展时，心智也将会得到滋养和扩展。与此同时，社会活动能力等方面也将得到发展。

### （三）开放性和互动性

全球经济一体化带动了各个方面的文化交流，如各个国家之间、各个民族之间、各个领域之间甚至于各个角落之间都在进行着文化交流活动，体育文化也一样。体育文化具有开放性的特征，正是由于具有这种特征，使得体育文化源源不断地吸取着外界的养分，从而使自身不断发展壮大。任何一种体育文化，要想不断地发展和进步，就要积极吸取其他国家、其他民族先进的体育发展经验，采用科学的理论来指导体育的实践与观念。

体育文化的开放性特征使它成为全世界人民共同拥有的一笔财富。即使国度不同、民族不同，也可以进行体育文化的交流。因为只有这样，体育文化才能够进步和昌盛。

对外选择性互动是体育文化的一个很重要的特点。吸收和抵触文化也在互动性的范围之内，这也是体育文化开放性的本质所在。这里提到的开放性重点在于互动性选择的过程。除此之外，体育中的竞争机制可以吸引更多的人参与到体育事业中，可以勉励更多的人为体育事业奋斗，激烈的竞争可以让成员之间更加团结。社会越进步，体育的发展水平越高，和体育有关的科学技术、文化含量就越高，而且质量和效率水平也越高。

相反，如果新兴的科技和文化在体育文化中的含量低，体育技术的发展水平就低。体育技术随着社会科技的发展，项目也在不断地推陈出新。特别是近些年来，通信技术的飞速发展，如电视、广播、卫星等的发展，体育文化的传播已经不再受时空的制约。体育运动的方式越来越多，发展的程度也越来越深，涉及的面也越来越广，速度越来越快，互动的频率也越来越高。

### （四）娱乐性

体育活动在另外一个层面也可以说是一种游戏，或者说是一种娱乐活动。

游戏可以满足和调节人们心理、生理的双重需要，这是人们作为社会的个体转变为社会化个体必须经历的一个过程。人类的精神能够越来越健康、越来越快乐，与体育游戏和一些娱乐活动有着密不可分的关系。所谓娱乐活动，实际上就是人们进行的一种自己娱乐的活动。这项活动是通过人们自己的身体活动实现的，它是为了促进自我心情的表达或者表演的自我释放或者自我观照。娱乐活动作为人们身体活动的一种，具有极其重要的地位。人们通过参与体育娱乐活动，可以展现自我，锻炼自己，实现自我欣赏，可以使自己的精神及心理处于一种健康和愉悦的状态之中。在实际生活中，人们在环境、精神以及工作各方面的压力之下，精神长时间处于一种既紧张又焦虑的状态，而他们通过参与娱乐活动可以很好地将内心的一些负面情绪宣泄出来，从而使心理处于一种平衡和健康的状态，体育娱乐在这方面的效果尤佳。搏击、球类、蹦、跳等都可以让人们很好地去释放内心的情绪。体育娱乐不仅可以看到自己，还可以看到别人，通过相互交流和相互学习来取长补短，达到完善自我的目的。人们参与体育游戏，既收获了快乐，又可以通过体育游戏所具有的竞争性来学习到许多社会方面的知识。

## 第四节　体育文化的各种功能

### 一、修养功能

#### （一）智商的修养

智商是每一个人拥有的智力资本的多少，是每一个成功者必备的条件，无知则无能无为，智商的提高是教育的核心。

体育是社会物质文明和精神文明的窗口，人的健康、体质、寿命是社会文明的聚焦；体育是现代物质文明和精神文明的双重映象。在竞技场上，高、新现代科学技术与人类向运动极限挑战伴行；奥林匹克追求更快、更高、更强，永远向上和了解、和平、友谊、团结、公平竞争的精神是将人类向更高的境界引领。体育是人类文化宝库中一枝绚丽的奇葩，是人类自身智慧的结晶，又以它的智慧、文化的光芒回照人类。

体育学科具有自然科学和社会科学的双重属性。它的自然科学属性使人明智；它的社会科学属性以及运动规范等使人理智；学习、运用体育技术和战术，激烈对抗状态下斗勇斗智使人机智；体育对于人的学习、探究、发展、竞争的本质潜能的释放使人睿智。

体育过程有助于培养和发展人的分析、综合问题的能力。球类运动中包含着诸多的个人技术和战术配合，而对于比赛胜与负的裁定，不是这些难以量化的定性指标累加之和，而是将这些难以量化的诸多定性指标全部量化到最终得分上，这就使得众多的只能定性的评价点，集合到极易量化的一点，评价一点，代表全面。简单、直观、快捷、科学、全面、准确地评价一个人、一个队的水平。体育竞赛的管理可以概括为两句话：严格控制过程，评价终极结果；过程控制就是要保证公平、合理、规范、有效。终极结果就是同等状态下的水平高低。这些都有助于培养在众多复杂的问题面前抓住主要矛盾的思维方法。人体是由细胞、组织、器官、系统组成的有机整体，躯体健康主要表现为机体功能上的纵向服从和横向协调；人体健康也包含心理健康和社会行为因素；人体又和外界物质、外部环境保持密不可分的联系。在人们追求健康、增强体质的同时，培养和发展了相互联系、相互依存、相互制约的思维方法，也培养了点、线、面、内外、局部与整体全面系统观察、分析问题和解决问题的能力。体育过程有助于培养和发展辩证思维能力。生长发育过程的同化和异化；身体锻炼过程的能量消耗、恢复、超量恢复，作用力、反作用力，能量的积蓄与潜能发挥；运动竞赛中的攻与守、虚与实、胜与败，扬长与避短，主动与被动。这些对于培养和发展辩证思维能力既是最直观、有效的好教材，又是良好的实践过程。

赛前侦察、赛前谋略，因敌施变，出奇制胜。体育竞赛过程中努力获得先知先觉，并在此基础上进行缜密细致的运筹，因势利导、因敌施变，对于不同的情势出奇制胜的思维方式和行动决策，对于提高人的思维和决策能力也具有很高的参考价值和指导意义。体育过程是学习知识、运用知识的过程，也是提高观察问题、分析问题、解决问题能力的过程。体育能够培养人的聪明才智，多方位发展人的能力，提高智商。

**（二）情商的修养**

情商的内涵包括：认知自己的情绪；妥善管理自己；自我激励；认知他人的情绪和人际关系管理。

情商是非智力因素的核心内容，因为无论现代化、自动化的程度有多高都离不开人，人的因素是首要因素，而人是有情感的，获得人的情感就等于获得人的忠诚，从而获得向心力、凝聚力。

运动技艺日益向高、新、尖的方向发展，使健、力、美高度统一起来，加以和谐的韵律、鲜明的节奏、微妙的配合、顽强的拼搏精神，使人感到振奋、激励，催人向上，并且给人以美的享受。当人们亲历体育运动时，会在各种复杂的技艺展现中，在与同伴的默契配合中，在与对手斗智、斗勇的拼搏中，在征服山川、大海的跋涉中，产生运动后美妙的躯体爽快感和心理上的满足感，这些都可使疲劳的躯体、紧张的精神、紊乱的情绪得到有益的调节和理顺，有助于元气的恢复、填充新的生机和活力。健康文明、丰富多彩的余暇生活，不仅可以在繁忙的学习、工作之余获得积极性的休息，而且可以陶冶情操，愉悦身心，培养高尚的品格。

体育有助于培养挑战自我的个性心理参与蹦极、攀岩、超长跑等体育运动项目，人们从中获得的不仅是体力，更主要的是勇气。这种充满困难的运动，懦夫和虚弱者会望而生畏，非勇士而不敢为之。它给予人们的是大无畏的阳刚之气，同时能培养挑战自我的个性心理。

### （三）健商的修养

健商是一个人身心的综合，表现为精力饱满、体力充沛、生命力旺盛。

体格、体能、机能、适应能力、心理素质等是构成人的健康的主要因素，这几个方面既有躯体因素，也有气质精神因素，是构成每个人的个性特征之一。具有较高健商的人，常常显得精力充沛、雄心勃勃，具有强烈的向外扩张力。而健商较低的虚弱者，往往缺乏自信心，对他人的影响力、号召力也会大大减小。

体育运动能改善和提高中枢神经系统的工作能力，加强神经系统工作过程的均衡性和灵活性，使人头脑清醒，思维敏捷。心血管系统对于人的健康有着举足轻重的影响。经常从事体育锻炼，可使心脏产生工作性肥大，心肌肥厚，容量加大，收缩有力，心搏徐缓，这样就从结构和功能上使心血管的机能得到改善。经常从事体育锻炼可有效地改善和发展呼吸系统的机能。增大肺活量，改善肺泡通气量，加深呼吸深度，增大最大吸氧量水平。体育锻炼能够促进新陈代谢过程旺盛，使肌纤维变粗，肌肉体积增大；使骨密质增厚，骨骼变粗。增长体力，改善体型体态，塑造健美的体型，使人体具有静态美和动态美。提高自身的存在层次，提高身体表现力和动作表达力，同时也获得自尊、自信的健康心理。

精神因素、气质特征是健康的重要组成部分。精神饱满、朝气蓬勃、乐观向上、积极进取、顽强坚韧表现为一个人的精神状态和心理素质。人是精神与肉体的统一体，言行、举止、自信心、责任感、韧性都是一个人气质的表露。

体型、体表、内心世界，都在不自觉地与他人交流着，并且给他人感染力、影响力的直观感受，接受他人的评价，这种评价可转化为个人的威信和号召力。体育锻炼有助于道德品质、意志品质、精神气质的修养，这样内修外炼，和谐统一，表现出一个人具有个性特点的整体精神因素、气质特征。

### （四）逆商的修养

逆商人对于逆境压力的承受能力就越强，越高。是指一个人承受逆境的商数，逆商越高的转逆为顺、转弱为强、转败为胜的概率就

意志品质是指一个人的果断性、坚韧性、自制力以及勇敢顽强和主动独立等精神。意志品质既是在克服困难的过程中表现出来的，又是在克服困难的过程中培养起来的。在体育的实践中要不断地克服客观困难（如气候、环境、气氛以及已有能力和应有能力等）和主观困难（如紧张、酸疼、疲劳、压力、甚至失意等）。锻炼者越能克服困难，就越能培养出坚忍的意志品质。体育运动过程是身体力行的实践过程，训练与竞赛强度之高、负荷之大为体育运动所独有，是任何其他形式所无法比拟的。一项运动技能的掌握需要成千上万次的历练；体能的增强是长时期汗水、疲劳、极限负荷的写照；对抗性比赛中力所及、毫无保留地发挥自己的体能潜力去奋力拼搏，这些都要承受极大的精神上和肉体上的痛苦。健康不是一朝一夕可获得的，强壮也不是一日之功，而是长时期体力付出的结晶。潜移默化地形成了在精神上和肉体上抗挫折、抗磨难的素养，这种忍受力和坚忍不拔的毅力的获得，可以迁移到生活和事业的各个角落，并且已形成的个性特征会表现在生命的全过程。

世界上的任何事情都不是一帆风顺的，失败是成功之母是其有普遍指导意义的哲理。如何对待逆境？不同逆商水平的人可以做出不同的选择：一是消沉颓废，一蹶不振；二是怨天尤人，逃避责任；三是失败了再干，总结教训，从失败中获取获得成功的营养，泰山压顶不弯腰，不达目的不罢休。体育竞赛本身就是智力、体力、毅力的竞争，面临的结果非赢即输，没有一个强者或强队没有败绩，是成功和失败共同筑就了冠军领奖台。这些是培养人们辩证观、承受压力、转逆为顺最好的实践教材，在人生和事业上可以从体育的教育功能内涵中得到很多启迪。

## 二、其他功能

### （一）存储、传递功能

体育设施、场地、器材、运动服装等物质层面的文化，以其本身自然物质

形态记载着不同历史时期的体育文化，折射出时代发展的痕迹，映射出时代变迁的轨迹。从体育器械的变化可以明显看出时代发展的痕迹。史前体育文化具有原始性的特点，表现在还没有完成与劳动过程的最后分离，许多体育用品如弓箭、标枪、船等直接就是劳动工具，许多技能如跑、跳、投掷、攀爬、游泳、划船等直接就是生产和军事技能。而随着社会的发展，专门性的军事体育训练工具和体育娱乐舞蹈等出现。

体育的传媒是现代人获取体育文化信息最直接的来源，推动着体育文化的广泛传播。没有现今的体育文化书籍，人们就不会知道体育的历史；没有体育赛事的转播、体育报纸和期刊的出版，人们就不会知道体育发展的动态。据国际奥委会统计，全世界有一半以上的人通过阅读报刊了解奥运会及各种单项比赛的赛事。中国图书分类法中指出，体育类的图书包括体育理论图书和与世界体育事业的相关图书。体育理论图书又包括体育教育、体育训练、体育伦理、体育美学、体育生化基础科学等；体育事业图书包括体育制度、体育方针、体育组织、体育运动技术总论等。可以说，种类繁多的体育文化图书、直观清晰的体育影像材料作为体育信息的载体，有效地促进了体育文化知识的传播。

现代奥林匹克运动会的一些原则、竞赛制度和规章，就是在对古代奥运会相关的规则制度继承和创新的基础上发展起来的。我国的奥运争光计划、全民健身计划纲要等都是体育文化制度随时代演变的创新成果。体育的理念延续并规范着人类的价值意识，快乐体育、终身体育、健康第一、以人为本的体育理念，是人类对体育文化价值认识不断加深的结果，是时代赋予体育文化的新内涵。

### （二）凝聚功能

体育文化的聚合、凝结作用力量巨大。一方面，不同国家、不同民族、不同文化修养和不同政见者可能会因为同一场体育活动聚合到一起。伦敦奥运会的参赛团体达到 205 个国家和地区，创造了有史以来奥运会举办中参赛国最多的纪录。体育文化这种超越思维方式、思想观点、价值理念的凝聚功能是其他具体文化难以具备的；另一方面，体育文化作为民族团结旗帜的历史现象屡见不鲜，从反抗侵略的奥运抵制，到显示富强的竞技争光，再到中国申奥时的团结一致，体育文化的凝聚作用显而易见。现今从国家团体到企业公司都非常重视体育文化所蕴含的凝聚功能，体育文化作为一种团队文化，在凝聚人心、抵消矛盾冲突方面具有独特作用，人们在参与、观看体育比赛时，内心潜在的集体荣誉感、团队归属感得到很好的显现，从而使具有同一地缘、血缘、族缘的人们凝聚在一起。

### （三）竞争功能

现代社会是一个适者生存、优胜劣汰的社会。社会需要发展，国家需要富强，民族需要强盛，个人需要进步，无一不与竞争发生联系。竞争已渗透到社会生活的各个方面，并产生了巨大的影响，面对竞争给人们生活带来的变化，它迫使人们迅速改变一切不适应社会发展的观念习俗和行为，在竞争中不断战胜自我、超越自我、完善自我。这种竞争精神和超越意识，不仅是我国改革开放加快经济建设所需要的，也是现代人所必须具备的。

### （四）交流功能

在历史的长河中，体育文化始终充当着重要的交流手段和交往的内容。一场声势浩大的体育盛会，能够承载政治、经济、思想、科技、教育、文化等多方面的交流，实现人类文化的全面交流。体育作为超越语言类层面的符号系统，可以突破语言差异、文化隔阂等障碍而达成跨文化交际。体育运动中所表现的健、力、美，以及顽强拼搏、团结协作、不断超越的精神可以引起人们的共识与共鸣，从而达到心与心的交流。尤其是现今奥林匹克运动在全球范围的普及与推广，借助于体育文化的平台人们能够达到多层面、多向度的交流。另外体育文化对于政治交往具有独特的重要作用，就像我国的"乒乓外交"。

# 第二章　高校体育文化与体育教学的融合发展

体育文化以其独特的育人方式、广泛的群众基础、较强的娱乐性等优点在高校体育教学过程中发挥着重要作用。本章以体育教学与体育文化的密切关系为切入点，对体育教学改革中的文化动力、体育文化引领下的体育院校思政课教学展开详细分析。

## 第一节　体育教学与体育文化的密切关系

### 一、体育教学需要体育文化的引领

#### （一）引领学生增强体育技能的传习意识

长期以来，学校体育教学往往简单停留在传习体育技术的层面上，这种认识和做法都是不全面的。学校是体育教学的主阵地，更是体育文化传播的主渠道。实践证明，只有融入了体育文化的"道"，体育教学中运动技能的"术"才能得到更好地传习，体育教学才会是真正意义上的体育教学。体育文化汇聚了古今中外体育实践中的人文精华，高品位的文化一是能够增强学生学习科学知识的兴趣，促进学生自身思想观点、心理素质、价值取向及思维方式的改变；二是可以弥补和修复学生人文学科课堂教育的不足和缺陷；三是能够给学生提供丰富自身人文素养的形式和途径。忽视了体育文化的传播，体育教学只能是浅层次表象化的体育教学，更谈不上构建体育文化所产生的体育价值观念了。因此，学校体育教学在传习运动技术技能的同时，应努力凸显运动技术中包蕴的丰富体育文化，转化成学生终身体育的意识和习惯。

### （二）引导学生加深体育教学的情感体验

现实生活中不难发现，每当奥运会、世界杯等大型国际赛事举办的时候，往往会掀起全球性的体育文化热潮，而广大青少年学生群体以其鲜明的追求新奇事物的特点往往成为这种热潮中的主流人群，他们以特有的活跃、迅速、热情向周围人群释放的能量是任何其他群体都无法比拟的。随着重大赛事的引导与习染，他们欣赏体育，进而参与体育运动的深度与广度不断增强，而且参与的人数和次数不断增加，体育文化对他们的熏陶就日益增强，逐渐地他们就会积极主动投身体育运动实践，并从中体验到强烈的运动愉悦和兴趣。正所谓"知之者不如好之者，好之者不如乐之者"，学生主动并乐于参与的体育课堂，其教学质量自然要比被动课堂高。

虽然，竞技体育与学校体育属于不同的运动体系，但二者协调统一的体育文化是共通的。学校体育属于竞技体育的初级阶段，竞技体育对体育文化传播与吸收的强大牵引力，必然延伸到学校体育教学之中。学生往往会通过竞技体育开始认识体育、欣赏体育、发现体育的魅力，并热爱和投身体育，最大可能地参与体育运动，这种情感体验增强了学生对体育文化的归属感和荣誉感，对推动学校体育教学富有积极而深远的意义。

### （三）帮助提升学生的人文核心素养

体育文化对学生人文素养的养成有着不可替代的作用。首先，体育往往是群体性很强的活动，需要相互间的协作配合才能完成，这种群体性运动特性能够促进学生集体主义精神和爱国主义情感的教育培养。其次，体育运动又具有竞争性特点，每一个体育项目只有在充满公平、竞争、友好的和谐氛围中，遵循竞赛的规则公平竞争，才能体现体育文化的精神品位。学生在体育教学实践中切身体会遵守规则的重要性并接受教育，就能增强遵纪守法意识，从体育运动"优胜劣汰"的竞赛氛围中挑战自我，培养竞争意识，适应社会发展的要求。最后，艰苦的运动训练，能使学生得到意志品质和心理素质的锻炼；体育运动的美感展示能给学生丰富的审美体验和审美享受，提高学生的审美素养。

## 二、体育教学助力体育文化的建设

俱乐部教学是当前体育教学的重要模式之一。所谓体育俱乐部，是在高校内根据学生共有的运动需要和兴趣指向而设置的具有专业指导教师、稳定的学习内容和运动场所的团体，它是根据学生不同的运动兴趣、运动需要和运动能力进行分班、分层次和分项目的教学。下面以体育俱乐部教学为例，阐释其对体育文化建设的助力作用。

### （一）有利于完善校园体育制度

体育俱乐部教学最终将要达到提升学生运动能力，促进终身体育开展的目标，这实质上就是学生要将在课内学到的知识运用于生活中，通过课外练习巩固课内学习成效，强化学习意识。但由于一些学生会存在运动惰性，缺少运动的恒心和毅力，这就需要从学校层面对其进行相应的帮助，与俱乐部教学目标和需要相结合，逐步建立健全学校各项体育制度和规定，这也是学校体育文化的重要组成部分，具体包括课堂教学、运动训练、运动竞赛、体育组织与管理等，将这些规章制度在课内外长效化实施，使学生在没有教师和课堂约束的情况下也能形成积极的运动意识，自觉补偿和扩展课内教学内容，真正实现课内外的一体化，同时也能有效规范教师的教学行为，并明晰体育俱乐部教学的发展方向，逐渐形成良好的校园运动氛围。

### （二）有利于改善校园运动条件

目前各高校体育俱乐部教学内容设置多样化，从传统的竞技性运动项目教学逐渐扩展涉及现今的健身性、民族性、休闲性、拓展性和保健性等不同类型的教学内容，在这个过程中也对学校体育硬件和软件条件提出更高的要求。首先，体育俱乐部教师的专业技能、专业技术和知识水平及教学能力不仅要做到高、深、广，更要向多样化、综合性发展，高校必须激励体育教师不断提高业务能力和水平，自觉加强终身学习意识和能力的培养。其次，充分挖掘和利用各种教学资源，对校园运动场地和设施的改建、扩建提出明确的要求，促使运动场地和设施建设综合化和多样化，为校园体育文化的健康发展提供必要的条件保障。

### （三）有利于学生形成持续性运动行为

体育俱乐部是将具有共同运动需要和追求的学生重新组织在一起形成新的教学单位，学生的学习内容与教师的教学内容能保持较大一致，提升学习的主观能动性，有利于学生形成良好的自我认识，巩固运动兴趣，形成运动习惯。既能体现出学生的运动特长，展现学生个性，也能因为教学内容具有的大众性、健身性和娱乐性等特点实现课内外一体化，有效激发和维持学生的运动激情，并使之转变为长期性、经常性的运动行为，推动了校园体育文化运动行为层面的建设。

# 第二节　体育教学改革中的文化动力

## 一、体育教学改革文化动力的本质特征

### （一）由多种文化分力构成

体育教学改革的文化动力是由多种文化分力所构成的文化合力。体育教学改革是一个极其复杂的过程，它不可能由某一种作用机制来完成，因此，体育教学改革的文化动力是一种合力，它是由多种文化分力组成的。在诸多作用力的共同牵制下，体育教学在一种动态平衡的状态下时，呈现给人们的是一种平稳发展的状态。但是，一旦这种平衡遭到了破坏，哪怕是一个很小的环节之间的平衡被打破，体育教学都会处于一种"震荡"之中，它必须做出相应的调整来适应这种变化，也就是通常所说的教学改革。而这种调整并不总是能够"一步到位"的，它需要反复地不断地适应、调整，在实际的体育教学发展过程中，这种现象是经常发生的，这也是体育教学改革频繁发生、不断反复的真正原因。

### （二）由诸多文化因素之间的矛盾产生

体育教学改革的文化动力是由外部环境中的文化因素和体育教学内部诸多文化因素之间的矛盾作用产生的。如果为了研究的方便，用二元论的视角来人为地将体育教学改革的文化割裂为内部文化和外部文化因素的话（事实上这很难做到），那就可以很清楚地意识到，正是内外部之间的文化因素之间的矛盾，成为体育教学改革的文化动力源。当体育教学的内外部信息进行交流与转换时，由于内外部的文化信息本质和属性的不同，导致了这种信息流的不对称现象的发生，从而也破坏了体育教学的平衡，迫使体育教学发生一系列的改革，来尽可能地使之对称，从而推动体育教学的发展。但是值得注意的是，这种信息的交换，它们之间存在着一种"不平等"的现象，即并不是通常意义上理解的，仅仅是两个母系统之间直接发生作用，而是在这种作用之外，还存在着母系统和另一系统内部的子系统之间直接发生信息交换的现象，这从另一个方面，更加深了这种"动荡"的程度和频度，也使得他们之间的关系更加

错综复杂。

### （三）分为主动力与次动力

体育教学内部文化所产生的矛盾是体育教学改革的主要矛盾，由此产生的动力是主动力；外部环境中的文化因素所产生的矛盾是体育教学改革的次要矛盾，由此产生的动力是次动力。如果非要强调所谓的"内外有别"，那依照马克思"内因是决定事物发展的主要因素"的判断，可以认为，体育教学内部文化所产生的矛盾是体育教学改革的主要矛盾，由此产生的动力是主动力；外部环境中的文化因素所产生的矛盾是体育教学改革的次要矛盾，由此产生的动力是次动力。这虽然从形式上指出了影响体育教学改革文化的主次要因素，但并不是一个绝对的价值判断。作为体育教学改革而言，"蝴蝶效应"被极度地放大，任何一个微小的变化，都可以引发一场暴风雨式的改革。因此，从本质上讲也无所谓"主要"和"次要"之说。但是，从引发改革的矛盾来看，是存在"主动力"和"次动力"之分的。

## 二、体育教学改革文化动力中的内驱力因子

### （一）教师

教师是向受教育者传递人类积累的文化科学知识和进行思想品德教育，把他们培养成一定社会需要的人才的专业人员。通常意义上体育教师在体育教学中主要扮演以下角色。

1. 知识经验的传授者

教学是直接起源于人类知识经验的传递，这个传递的过程就是把成人社会的知识经验传递给新一代儿童与青少年，从本质上说就是一种文化的传递。在这种文化的传递过程中，出现了这样一种情况，即成人社会的知识既然变成一种面向下一代所要传递的文化，必然已经发生了外化和客体化，并且很有针对性地客体化；但是另一方面，作为这种文化的接受者而言，其本身是无法直接消化这些成人化的文化的，尽管它们已经被尽可能地客体化，所以，在这两者之间，不可避免地出现了"真空状态"。人类文化为了顺利地传递，必然要打破这种界限，因此，作为知识经验的传授者的教师也就自然而然地出现了。

2. 教学活动的组织者

教学活动是一个有组织、经过严格设计和策划方可实施的活动。因此，它必然需要一个组织者。对于体育教学而言，由于存在大量的活动性教学内容，

甚至还带有一定的危险性，因此，教师的组织者身份必须在最大程度上得到认同。这与"教师权威"并无多大关联，这是由教学本身性质所决定的。

3. 学生学习的引导者

教学过程本身就是一个"教"与"学"的过程。作为千百年来人类社会的文化精华，现有的知识必须依靠教师，通过"认知"的方式得以传递，这是毋庸置疑的。只不过，过去更加突出教师的"教"，现在则强调学生的"学"与教师的"引导"。就体育教学而言，伴随着信息化社会的加速发展，学生获取信息的渠道大大被拓宽（网络、媒体等），同时大量的新兴运动进入到体育课程之中，有很多也是体育教师需要学习的新鲜领域，这就更加迫使体育教师作为学生学习的引导者去引导学生学习，这同样是学生认知的一个重要手段。

4. 课程的研制者

教师作为课程的研制者，将会成为体育教学改革中一个新的动力来源。传统的课程体系中，教师只能被动地作为课程的实施者，其主观能动性大打折扣。但是，伴随着教学改革，课程管理已经从中央集权变为中央、地方与学校三级分权。这从根本上明确了教师"课程研制者"的角色。从这个意义上说，今后教师不仅仅会参与到体育教学改革中来，而且将会直接推动体育教学的改革，成为体育教学改革的一个重要的动力因子。

（二）学生

教学过程中最重要的就是"教"与"学"，可见"学"在教学中的地位。伴随着体育教学改革的深入进行，学生在教学改革中也表现出了自身的特性。

1. "人"的不确定性

现代教育学逐渐认识到，在教学的过程中，学生是一个能动体，他具有发展自身的功能。作为一种实践对象，他并不是消极地被动地接受塑造和改造，他能够意识到自己是被他人所塑造和改造的，能够自觉地参与到教育过程中，与教师共同完成教育活动。同时，学生还是具有思想感情的个体，他具有自身独立的人格，有自己的需要和尊严，并且能够在适当的条件下产生一定的创造性。因此，在体育教学改革中，学生是具有话语权的，毕竟它是直接参与到改革的过程之中。但是，学生还是一个发展中的人，还具备相当大的可发展空间，在他们身上所表现出的各种特征还处于变化之中。因此他们需要获得成人的教育关怀，需要教师给予适当的引导。这种特征表现在体育教学改革之中就是通常所说的"教师主导"型教学。但是，正是在学生身上所表现的"人"的不确定性，为体育教学改革增加了不少难度，教学的改革者很难用一种眼光来审视学生，给予他们在教学改革中一个准确的定位。但同时，也正是这种不确定性，促进了体育教学进行调整、改革以适应、满足学生不断变化的需求。

2. 永无止境的超越性

人是具备不断超越自身精神的，教育的最终目的或许就是培养和激发人的这种潜能。因此，在体育教学中，学生对于自我永无止境的超越或许正是教学改革最大的动力源之一。基于体育教学改革，体育课程标准一旦确定并且得以实施，其发展就已经不再受到标准制订者的约束。同样，学生一旦掌握课程标准所要达到的目标，其也就不再满足于现行的课程标准，而是学生不断追求超越、完善自我的特性所决定的，而这种不满足恰恰成为下一次改革的重要依据，直接左右着体育教学改革的进程。

（三）课程内容

课程内容是指进入学校教育活动领域的文化。在体育教学中，课程内容涉及很多问题，包括观点、原则等。因此，课程内容本身在教学改革中也成为一个极为活跃的因子，在很大程度上左右着体育教学改革。

1. 形式教育与实质教育

形式教育（也称为形式训练或心智训练）认为，教育的主要任务在于训练心灵的官能，使学生的官能或能力得到发展。在体育教学中，重视教学的内容、课程和教材的训练价值和心理能力的发展功能。实质教育认为，教育的任务在于使学生获得知识。在体育教学中，重视教学内容、课程和教材的知识传递价值和文化功能。正是由于两者之间的差别，并且这种差别是时时刻刻共存在体育教学之中的，两者谁也不能完全取代谁，它们之间就会产生激烈的竞争，都试图掌控体育教学之中的话语权，所以，体育教学改革也就成为必然。

2. 科学主义与人文主义

科学主义教育又称为理性主义教育，主张教育教学内容应该以自然科学知识为主。学校教育领域将科学主义推向了高潮，这种作用自然也影响到体育教学之中，体育锻炼"达标"成为最典型的代表之一，一切由数据说话，学生上体育课的唯一价值就是身体锻炼，而衡量身体锻炼的唯一标准就是数据。人文主义则是一种相对较老的教育观念，经过不断的发展，在近代逐渐被"人本主义"所取代。它以一种基于以人为本的现代教育价值理念，主张教育要培养"完整的人""自我实现的人"。反映在体育教学中，就是更加强调"认知与意动统一""理智与情感结合"，更加注重学生情感、态度、价值观的培养。

科学主义与人文主义在体育教学中的表现就像是两个人玩跷跷板，游戏

（体育教学）必须是有两个人共同参与（科学主义和人文主义），一旦一方取得优势，表现出强势，那么另一方必定会进行调整（更多的是反抗），使得跷跷板向反方向运动，从而试图建立自身的优势，在体育教学中，就会引发改革。体育教学内容是体育教学改革内驱力中一个具有重要影响力的因子，它更多地以一对一对矛盾体的形式出现，采用从一个极端走向另一个极端的方式，影响着体育教学改革。

## 三、体育教学改革文化动力中的外驱力因子

### （一）社会文化

社会文化是一个十分庞杂的概念，它几乎可以涵盖社会领域中的各个层面（自然也就包括教育）。教育和社会文化之间的关系始终是一种"唇亡齿寒"的关系，一方面教育是文化得以传承的手段，另一方面，社会文化的任何变动，对教育都会产生特别重大的影响。中国的社会文化一般具有群体本位的价值取向、道德中心化倾向、保守性等特性，这些文化特性对于体育教学改革而言，会起到显著的作用，包括积极的方面，也有消极的方面。

### （二）教育文化

中国教育大致具有五种文化传统，它们分别是政教合一，注重伦理道德，重经典轻技术，重视基本知识的传授而方法是经验主义的，尊师重教、师道尊严。注重伦理道德的传统其核心理念就是育人，把培养做人放在第一位，所以翻开中国体育教学的历史，总是可以看到政治思想教育列为体育教学的首位，对学生进行爱国主义、集体主义、社会主义的思想教育，在体育教学中占据了相当的分量，这对于培养学生的人文主义精神是非常有利的。重经典轻技术（德成而上，艺成而下）对于体育教学而言无疑又是一个无法回避的"黑洞"。体育课程作为一门技艺性课程，强调的是学生技术技能的掌握，在乎的是学生的动手实践能力，因此基于这种大环境下的文化传统，对于体育教学改革，具有的只是"冷漠"。重视基本知识的传授，而方法是经验主义的，这一点一直体现在体育教学中，即强调技术动作要领，注重学生认知能力的培养，一直是体育教学的优势所在。但同时，学习短跑、跳远、球类等技术动作时，基本上千篇一律的教学方法、步骤又是学生感到最枯燥乏味的。正是这种本身传授知识的教育传统与学生对于枯燥乏味的教学方法之间的矛盾，自然而然地会引发教学的改革。尊师重教和师道尊严是中国另一优秀的教育传统，对于师长的尊

重，教师所树立的权威以及教学过程中教师的绝对权威，在传统教育中达到了顶峰（一日为师，终身为父）。而伴随着社会的发展，以及学生中心和人本主义思想的盛行，在学生和教师之间建立平等的师生关系成为对我国教育传统的一次挑战，这种挑战注定是要伴随着教学改革而进行的。

### （三）体育文化

中国体育文化同时还存在着二元对立现象。一方面是以东部发达沿海开放地区为代表的西方现代体育文化；一方面是以大西部内陆地区所代表的中国传统体育文化。当沿海开放地区开始吸收和借鉴西方现代体育文化时，内陆地区还显现出了传统体育文化的顽强的生命力。也就是说在沿海开放地区或许会代表体育的某种时代最新发展现状，但同时内陆地区还会因循守旧的坚守自己的阵地。这也就导致在中国极限运动与武术等多元体育项目并存且同时蓬勃开展的局面。这种文化的影响明显地体现在最近一次体育教学改革中，同样的改革标准，有的地区就感到很适应并且能够接受，有的地区就感到非常的不习惯，从而使教学改革呈现出一种明显的两极分化态势，进而影响了相关人员对教学改革的正确评估。

# 第三章 高校休闲体育文化理论与实践

休闲体育作为一项积极、文明、健康、科学的运动，它不仅是构建人们健康生活的主要基础，同时也是高校体育文化系统十分重要的一部分。良好的休闲体育文化有利于学生的身心健康发展以及终身体育意识的形成。本章即围绕高校休闲体育文化理论与实践展开探索。

## 第一节 休闲体育文化的概念与属性

### 一、休闲体育文化的概念

休闲体育文化是人们通过体育运动的方式，在休闲的实践过程中创造并共同享有的，关于这一社会现象的物质实体、价值观念、制度规范及其行为方式的总和。这一定义主要是从文化的视角进行切入，即将休闲体育作为社会中的一种文化现象来看待，这一文化现象是休闲文化与体育文化的综合。体育文化与休闲文化的内涵都能够通过休闲体育文化表现出来。物质实体、价值观念、制度规范等方面的因素是建构休闲体育文化这一表现方式的主要内容，休闲体育文化也正是由这些建构因素综合而成。

#### （一）物质实体

休闲体育文化的物质实体主要包括以下两个方面的内容。

（1）人造物。人造物主要是指为了使体育活动项目顺利开展，人们建构的场地器材、硬件设施等。对人造物的命名主要是以其功能与作用为依据，如球场、体育馆、球杆、球拍、球等。

（2）自然物。这里的自然物是指被改造后的自然物，而非纯自然物。改造自然物主要是为了满足人们参与体育活动的需要。常见的自然物主要有滑雪场、高尔夫球场、漂流场等。

休闲体育的形成离不开人类运动本能，同时也需要经过社会化改造，体育便是由二者形成的。在人类的社会实践活动中。文化的物化形态通过体育这一方式被完美地体现出来。人们在参与休闲体育运动的过程中，在自然世界和人造世界中对自己的有机体进行改造，从而对物态文化的成果加以体验与享受。与此同时，人们在参与过程中也在对体育物态文化进行改造。

### （二）价值观念

人们的休闲观念与体育观念是休闲体育文化价值观念层面的主要内容。当人们在了解与认识休闲体育的功能与作用时，也包括人们对休闲体育的价值的理解。

（1）人们参与休闲体育活动，这是其将自己对体育的态度与看法通过实际行动表现出来的主要方式。人们如何看待体育的意义、价值及功能能够通过直接参与的行为反映出来。

（2）人们通过参与休闲体育，能够表现出自己对不同休闲方式的倾向性。

（3）人们在参与休闲活动的过程中，不仅能够使自己对体育的了解不断加深，而且能够充分发挥自身的主观能动性，对休闲体育的价值体系进行积极的挖掘与构建，从而使休闲体育的功能不断得到强化与发展。

### （三）制度规范

社会的制度规范体系的特点也能够通过休闲体育多角度地表现出来，这主要表现在以下几个方面。

（1）社会对人们的行为的评判倾向、社会对余暇时间的规定以及社会劳动生产制度和社会发展的水平等都可以通过休闲体育文化体现出来。

（2）社会中每个公民对休闲体育的参与都必须履行一定的准则，体育法规便是公民这一休闲行为的最高法律规范准则，同时体育法律也可以保护公民的参与权利。

（3）为了使人们参与共同活动的权利得到保障，不同的休闲体育活动项目都有属于自身的统一的活动方式和规则要求，这有利于规范人们的参与行为。

（4）在休闲活动中融入了体育活动这一运动性的休闲方式。这一行动体现出以下两点内容：第一，表现出人的自然属性，即以人的特有方式进行运动并且满足着人的本能的运动需求。第二，休闲活动的运动方法大都已经经过了社会化处理，人们能够通过参与其中来满足自身的其他社会需求。所以说，休闲体育文化是一种社会文化现象。与此同时，人们在闲暇时间参与不同的休闲活动正体现了其价值倾向。

## 二、休闲体育文化的属性

### （一）共性层面

1. 民族性与世界性

每个民族的文化都有着不同于其他民族文化的特点，这就是文化的民族性。特定的民族在历史上由于生存区域、生存环境、生产和生活方式、文化积累和传播等的不同会产生不同于其他民族的休闲体育文化。

当然，在当今世界上，任何一种文化，都是属于全人类的。随着文化全球化的发展，各民族文化的交流与交融日趋明显。纯粹的独立的民族文化是不存在的，人类文化在最核心最本质的层面上，存在着质的相似性，这也是文化能得以交流与交融的前提条件。同时，任何一个民族所创造的文化都是人类文化的组成部分。

休闲体育文化的民族性与世界性是辩证统一的，一个民族的文化特征越鲜明、形式越独特，它对世界文化的价值和意义就越大。中国的先贤们对"休"和"闲"二字的创造和使用，可谓别具匠心，"悠游"文化下形成的以快乐为主要内容和形式的东方休闲观，成为人类文化宝库中一颗璀璨的明珠。

2. 继承性与时代性

文化具有延续性，由于文化的继承性，同一民族在不同时代总会有共同的东西。对文化的继承过程，也就是文化的积累过程。我国的休闲文化具有悠久的历史，中国传统哲学早已有这种"依木而休"的人生观念，从老子的《道德经》、庄子的《逍遥游》，到陶渊明的"采菊东篱下，悠然见南山"，无不反映了我国先哲们创造性、审美性地修身养性的生活态度。而且，这种观念及一些休闲方式，一直延续到今天。

文化具有时代性，任何文化的发展都不是一成不变的，都具有一定的时代特点和差异。休闲体育的时代特征十分鲜明。自改革开放后，健身历经了从"伸腿弯腰"到家庭器械健身，再到健身房健身的发展过程。20 世纪 90 年代以后，中国家庭开始拥有休闲设备，近几年，随着人们收入的提高，探险旅游，放松身心的自然游、农家游等，成为人们最大众、最向往的休闲方式。

3. 阶级性与公共性

不同的社会形态，休闲活动呈现不同的特征，在同一社会中，不同阶级的休闲活动有着明显的差别。雅典和其他希腊城邦的文化是建立在奴隶制的基础之上的。奴隶从事提供食品、房屋、衣服等生活必需品的劳动，而包括亚里士多德在内的公民并不从事这些劳动。这就为那些追求希腊文化的思想观念的人和履行公民职责的人，管理、监督军队以及从事公共事务的人和进行科学的和哲学的思考的人所从事的工作提供了基本的保证。

休闲体育文化的普遍性是指不同阶级都具有自己相对独立的文化形式和思想，在阶级社会里，尽管统治阶级利用自身的特权占据对文化的支配权，但作为满足人们需要的一种方式，不同阶级、阶层、地位、职业的人们都有自己的休闲生活，有时甚至在形式上高度相同。

## （二）个性层面

1. 娱乐性

体育进入休闲，是社会和谐发展和生活质量提高的标志。早在古希腊时，体育与休闲娱乐就融为了一体，促进了社会文化的发展。在这个过程中，娱乐展现着体育的趣味和魅力。休闲需求导致体育的娱乐化，其重要原因是，体育与休闲紧密地联系在一起，以满足人们的时代需求，其中介因素就是娱乐。人类在本质上是追求快乐的，从身体运动的娱乐原欲，追溯到创造愉悦的身体娱乐，这是体育和娱乐具有天然联系所决定的。国外的体育学者甚至认为，娱乐是体育运动的基础。娱乐是人类在基本的生存和生产活动之外获取快乐的非功利性活动，它包括生理上获得快感，更主要是指心理上得到愉悦。在快乐中追寻健康，体现对自身的尊重和关怀，满足人们的心理欲望和精神需求，使人们的身心达到新的平衡，是休闲体育文化独具的娱乐性特征。

2. 艺术性

休闲作为一种"有闲"阶层的文化，一直都与艺术有着紧密的联系。可以说，休闲的真正发展是在文艺复兴时期。在贸易、商业、金融业等领域，人们积蓄了大量财富，形成了新中间阶级，他们把充足的财力和时间投入到娱乐和休闲生活中。文艺复兴时期是一个不十分重视严格的道德规范的时期，因此，人们可以直接参与狩猎、宴会、舞会、歌剧、演戏、艺术等活动，以财力援助的形式促进艺术、文学、娱乐部门的发展。城市增加了剧场、歌剧院等艺术型的休闲设施，许多有巨资的艺术赞助者更多地光顾画廊，而不是皇宫、教堂或大城市。

中国自古以来所追求的"悠游"状态，也是一种精致的艺术化的生活。

他们热爱自然、好娱乐，游山水、筑园林，嗜茶酒、谙美食，着蓑衣、披僧袍，谈闲书、做雅事。

现代生活中，休闲体育活动的内容丰富多彩，从参与体育活动到观看高水平比赛，从原来单一的跑步逐步扩展到球类游戏、爬山、游泳、保龄球、健身操、极限运动甚至电子游戏等多种形式。适合于休闲时代的民族传统体育项目在各自娱乐的范围内进行了大胆的改革，沿着平民化和大众化的发展之路进行了积极的探索，使体育活动的直观、激越、宏大等特性成为文艺表现的对象。

### 3. 个体性

休闲时代的到来，体育将从政治漩涡里走出，面向以国家民族利益为重、长远关注每个人发展的立体层次。它不仅要为群体服务，而且要考虑微观的个体的需要，从全人类的宏观层次来探索体育的终极目的。当体育的社会角色从为群体生存拓展到为个体健康的时候，当体育不再强调为培养生产工具或政治工具服务，而回到马克思主义倡导的培养全面发展的人的终极目标的时候，体育从满足群体需要到满足个体需要。体育作为人人都应该享有的平等权利，将成为个体的终身需要和全民的永恒需要。

休闲体育文化的个体性主要体现在：首先，在活动的选择上，具有较强的个性特征。在休闲时代开展体育活动，其重要特征是个性化的多样选择，满足人们的各种趣味。旧时期的那种自上而下强制性整齐划一的运行机制将步履维艰。休闲体育是在工作、学习之余参加的体育锻炼，不需要按计划或技术动作要求去做，也不需要按规定时间、地点和场地进行体育锻炼。人们根据自己的性格、兴趣和能力选择体育活动项目。其次，由于休闲体育活动是人们在闲暇时间内进行的，并以个人的兴趣为前提，所以在参与方式上，会以个人或小群体的活动形式为主。

### 4. 泛竞技性

竞技和体育的关系是一个长期争论不休的问题。竞技活动的盛行远远早于体育观念的产生。如果说游戏是休闲娱乐的灵魂，竞技就是激素。英文的game，兼有游戏和竞技的意思；而 sport 虽有较为纯粹的体育性质，仍然不能去掉游戏的趣味。休闲体育的竞技性，不仅仅是体育运动意义上的竞技，更多是一种和自然或自身的竞争与博弈。这种竞争不一定很激烈，也不一定很明显，但却是存在的。

# 第二节 高校休闲体育文化的表现形态

## 一、休闲体育俱乐部

### （一）休闲体育俱乐部的地位

所谓休闲体育俱乐部，就是对体育具有共同爱好的人，以休闲和健康为主要目地，自愿参加的，以会员制为主要经营管理方式的营利性或非营利性组织。

休闲体育俱乐部在学校体育与国民体育中有着不同的地位。

1. 在学校体育中的地位

休闲体育俱乐部可成为课余体育的基层组织形式，休闲体育俱乐部有两类：一类是在教师主持下开展的，学生报名参加，但不必自行担任主要的组织工作。这类俱乐部一般不和社会上的俱乐部挂钩，是学校独立组织的，如器械健美、健身、体育舞蹈等，这一类俱乐部适合体弱生和某些素质不足而需要加强的学生。另一类是所谓自由俱乐部完全由学生为主体建立起来的，教师起辅助作用，内容的选择方面更为灵活，完全在作息时间表规定以外的时间开展。这一类运动俱乐部既可与社会挂钩，有时还是社会体育的组成部分，更适合于那些有一定体育特长的学生。

2. 在国民体育中的地位

休闲体育俱乐部不仅是大众体育的组织形式，也是竞技体育的组织形式。一个大的专项运动俱乐部，可以分成若干等级，最高一级的当然是高水平的竞技休闲体育俱乐部，基层的即为大众参与的运动俱乐部。学校休闲体育俱乐部也包含这两种形式。

我国目前的俱乐部体制一般被认为是指高水平的竞技体育组织。足球正在试行俱乐部体制，但是这些足球俱乐部并没有建立广泛的基层组织，也没有广泛的足球会员作基础，也没有与学校相关联。我国的部分高等学校已建立了专项运动俱乐部，但是，这些俱乐部制度尚不健全，它们仅是配合体育部（室）开展一些群众性体育竞赛工作，缺乏自身的发展方向和奋斗目标。我国的单项休闲体育俱乐部的高水平竞技组织与大众体育组织是各自独立的，两者之间并无直接联系。

学校运动俱乐部理应包含高水平竞技和大众体育两个层次。因此，作为国民体育的各个领域，无论是竞技体育、大众体育还是学校体育，学校运动俱乐部均占有重要的份额，因此说学校运动俱乐部的建立和完善，将对整个国民体育产生很大的影响，从这一点分析，学校课外体育的改革其社会影响将超越体育教学改革。

### （二）休闲体育俱乐部的教育功能

1. 学习由被动向主动的转移

班级体育锻炼是由学校行政组织的，并由体育教研室统一安排活动内容，而休闲体育俱乐部是以学生为主体，通过学生自己的力量组织起来的，组织形式和活动内容由学生自主确定。作为一个学生，"要我锻炼"和"我要锻炼"是截然不同的，很明显，前者是被动的，而后者是主动的。

2. 行为角色的不断变化

学生参加班级体育锻炼始终担当的是学生这一特定的角色，虽然有时参加一定的组织服务和裁判工作，也是在教师授权的条件下接受的，并没有真正独立地转换其角色。在休闲体育俱乐部中，学生在活动、竞赛中担任了组织、服务、裁判等不同的角色，在角色转移中增加了自我学习和自我锻炼的机会，这对提高学生的才干有很大的作用。

3. 团体环境的优化

班级体育锻炼是以教学班为单位，这种按年龄和文化课水平为依据的班级划分并不是体育学习的最佳组织形式。参加休闲体育俱乐部是以学生爱好的专项为根据而形成的团体，具有共同的爱好容易互相接近，互相交流，有利于提高团体的凝聚力。

4. 师生对应关系的变化

班级体育锻炼一般是在体育教师的指导下开展。而休闲体育俱乐部是在对某一专项有特长的教师帮助下建立的，不仅减轻了辅导员的工作负担，而且改变了学生和教师的对应关系，一个在辅导员眼中的后进生，在体育教师的帮助下，很容易成为体育专项领域的优秀生，这种对应关系的改变是有利于挖掘学生优点的，也是有利于发挥教师专长的。

5. 爱好的适应和个性的发展

班级体育锻炼一般为统一安排活动内容，学生无法选择，会造成兴趣爱好受阻；休闲体育俱乐部是学生根据自己的爱好参加的，在满足其兴趣爱好的条件下，无论是知识技能还是技术战术，他们均能主动地参加学习，即使兴趣发生转移，也可以改变项目，因此为发展学生的个性提供了舞台。

6. 运动行为能力的提高

班级体育锻炼一般均在校内进行，限制了学生的活动范围，而休闲体育俱乐部和社会联网，还是社区体育的组成部分，进一步拓宽了学生的实践范围与认知视野，对学生运动能力的提高具有促进作用。

7. 终身体育观念的养成

休闲体育俱乐部是学生参与组织的主动活动，有利于养成自觉锻炼的习惯，并把这种习惯延伸到工作以后，实现学校体育向终身体育的过渡。休闲体育俱乐部活动不仅满足了爱好，掌握了技能，更提高了组织活动与社会实践能力，这些能力的提高也保障了学生在毕业以后，可以继续坚持锻炼，并使学生从实践中，逐步地形成和加深终身体育锻炼的观念。

## 二、校园体育文化节

### （一）校园体育文化节的整体价值

校园体育文化节是校园传播价值观念的最佳载体，是激发学生体育兴趣的有效手段。目前，许多学校创办了校园体育文化节，他们以健身、增长体育科技知识、参与社会实践为宗旨，推动全民健身计划在高校的开展，促进学校体育运动技术水平的提高，推动校园文化建设，丰富学生课余生活，提高学生对体育科学的认识。

作为校园体育文化的重要组成部分，校园体育文化节弘扬了公平竞争、团结协作、拼搏进取等体育精神，把体育的感性与文化的理性相结合，融体育知识、体育游戏、体育表演、体育比赛、体育征文、体育绘画、体育摄影等体育活动于一体，以体育活动为载体，为师生提供一方舞台。这不仅激发了学生关心体育事业、自觉锻炼身体的热情，也形成了上上下下关心体育文化节、人人积极参与体育文化节的热潮。

### （二）校园体育文化节的活动内容

1. 广播操

广播操是根据人体生理规律和使身体各主要部位都得到活动的原则编制的，它动作简单易学易练。广播操每做一遍约需 5 分钟，做操时心率和呼吸频率较安静时增加近一倍，从而加速血液循环，促进新陈代谢，可以消除疲劳，提高学习和工作效率。做操时认真领会每节操的动作要领，加大动作幅度，坚持质量标准，必然会收到良好的锻炼效果，因此，广播操是学校体育文化节的主要内容之一，它可以全校性地进行，也可以班为单位进行。

2. 健美操

健美操是根据练习者的身体特点，发展身体各部位的要求，把体操和舞蹈中的简单动作组编成操，在音乐的伴奏下进行的一种体育锻炼。而体育舞蹈又是一种艺术性较高，技术性较强的表演性和竞技性舞蹈，是一项体育与艺术完美结合的运动，健美操、舞蹈动作简单易学，讲求实效，造型优美，动作连续，它练习密度较大，融健身、健心与健美为一体，对增强体质，塑造健美体型的强烈愿望，特别是女生更是如此，学校可以普遍采用和推广健美操健身法，是学校体育文化节的主要内容之一。

3. 体育知识讲座

体育是万古长青的事业，为了推动体育运动的深入发展，在学校开展全民健身运动，让每个学生都能意识到它的重要性，激发其参加体育锻炼的积极性，在全校范围内开展有关体育目的任务、体育的社会价值、体育的健身价值等方面的知识讲座是必要的。但是组织一次成功的体育知识讲座是不容易的，必须具备以下三个因素：一是所选主题是否当前热点问题；二是讲座内容是不是与本校学生的实际情况相适应，被学生所接受；三是讲演者是不是具有"名人效应"和较高的学术和演讲水平。因此在组织体育文化节期间讲座时，应争取请到校内外的知名体育专家或具有较高人气的运动员。

4. 体育知识竞赛

体育知识竞赛可以促进学生对体育知识的掌握和理解，也是加强体育知识学习的重要途径。它把体育的竞争性用到知识竞赛中，具有较大的吸引力。

5. 体育教学表演

每逢体育文化节或其他假日由教师组织体育教学效果好的班级，进行某一体育项目的教学表演，以展示学生学习效果，丰富文化生活。体育文化节作为世界性的文化，已受到各国的重视，学校体育文化节是学校开展体育活动的重要表现形式，学校体育文化节是校园文化的重要组成部分，在校园文化建设中有很重要的作用。

## 三、课外体育文化活动

### （一）课外体育与体育课的关系

课外体育是指学生在课余时间里，运用各种身体练习的方法以发展身体、增强体质、活跃身心、提高运动技术水平和丰富业余文化生活为目的而进行的体育教育活动。它主要包括早操、课间操、班级体育活动、课外训练、课外竞赛以及校外体育、家庭体育等多种组织形式和内容。

课外体育和体育课两者互相联系、互相补充。体育课为课外体育的开展奠定一定的身体和技术基础，为课外体育提供有关的知识和技能准备；课外体育为学生提供了一个检验体育课学习效果的活动场所。有关体育知识技能要靠学生去体验、运用和掌握；勇敢顽强的意志品质、优良的体育道德作风更需要学生通过在课外体育的实践中去磨炼和培养。

### （二）课外体育文化活动的积极意义

1. 有助于增强校园体育文化的凝聚力和吸引力

学校是一个既与社会相联系又相对独立的群体，在校的学生不但需要课堂学习，同时，需要娱乐，需要友谊，需要发展自己的兴趣爱好，需要情感的宣泄。课外体育文化活动恰好是满足学生这些需要的最有效的方法之一。首先，课外体育文化活动内容多样性的特点满足了广大学生多方面的精神情感需要，给学生提供了一个广阔的锻炼身体、相互交流的空间和适宜的环境，创造出丰富生动的文化氛围，吸引越来越多的学生参加课外体育文化活动。其次，鉴于学校班级、年级的划分，平时学生的学习生活范围局限在班级或年级之间，而课外体育文化活动就打破了班级的界限。在课外体育活动中没有班级的划分，认识的或不认识的大多都是自由组合。在活动中他们互相交流、互相认识，随着时间的推移，学生交往的范围逐渐扩大，在校园中形成一个具有凝聚力的整体。

2. 有助于增强校园体育文化的开放性

自封建社会被瓦解以后，中国文化经过长时期的洗礼，已成为"百家争鸣"的开放状态，特别是中国加入世界贸易组织以后，为更快地与世界接轨，开放性特征更加明显。作为社会文化分支的校园体育文化自然少不了开放性特征。而校园体育文化基本受制于学校这一特殊的环境，与社会大环境存在着交流的壁垒，课外体育文化活动正是建设开放性的校园体育文化的重要途径之一。体育运动具有较强的社会性，学生以课外体育文化活动为载体进行学校之间、学校与社会之间的交流，增进了对社会的了解，开阔了眼界，吸取了社会文化的有益成分，培养了社会交往能力和社会适应能力。例如，学校体育场地及器材向外开放后，社区体育开始驻扎校园，学生与社区居民通过体育活动开始产生互动，形成学校体育与社区体育的交流，进而上升为学生与社会的交流。

3. 有助于提高大学生的心理健康水平

（1）课外体育文化活动可消除心理疲劳

疲劳是一种综合性症状，与人的心理和生理因素有关。课外体育文化活动是一种娱乐活动，它能使人的头脑从担忧以及其他紧张性思维活动中解放出来。有规律的锻炼会促进身体适应和积极的自我表现，从而提高人对应激的抵抗力。

（2）课外体育文化活动可调节情绪

不良情绪是导致生理、心理异常和疾病的重要因素之一。而课外体育文化活动能直接给人带来愉快和喜悦，并能减少紧张和不安，从而调控人的情绪，改善心理健康状态。

（3）课外体育文化活动能使人精神愉快

运动除能使大脑的兴奋和抑制保持平衡外，还能使血液和大脑中的去甲肾上腺素增多，去甲肾上腺素是一种激素，能增强大脑与身体各部位神经的联系，提高神经系统的兴奋性，当血液中去甲肾上腺素增多时，人们的心情就愉快；当血液中的去甲肾上腺素减少时，人们的情绪就低落。由此看来，运动使人精神愉快是有一定科学道理和物质基础的。众所周知，身体虚弱、多病、经常失眠等是造成悲观失望、焦虑等不良情绪的常见原因。而课外体育文化活动，毫无疑问地能增强体质，减少疾病，并给人们以积极向上的思想情绪，使人感到生活丰富多彩。

# 第三节　参与高校休闲体育运动实践应具备的理论知识

## 一、运动损伤学知识

### （一）运动损伤的概念与分类

运动损伤是个体在运动过程中所发生的各种损伤的统称。在休闲体育运动过程中，从事内容不同，运动损伤的性质也不同，另外，运动损伤与运动的安排、运动环境、运动者的自身条件以及休闲体育运动中运动者的动作方法等有密切的关系。掌握运动损伤的相关知识，切实做好预防工作，使之最大限度地减少或避免休闲体育运动中出现的运动损伤，对运动者的身心健康具有重要的意义。

根据不同的练习方法，常见的运动损伤的分类主要有以下几种：

（1）运动损伤按照损伤组织的种类，可分为神经损伤、肌肉肌腱损伤、滑囊损伤、关节囊和韧带损伤、内脏损伤、脑震荡、关节脱位、骨折等。

（2）运动损伤按照损伤组织创口界面，可分为开放性损伤和闭合性损伤。前者主要是指损伤组织有裂口与外界空气相通，如擦伤、刺伤、切伤和开放性骨折等；后者主要是指损伤的组织无裂口与外界空气相通，如挫伤、肌肉韧带损伤和闭合性骨折等。

（3）运动损伤按照损伤病程，可分为急性损伤和慢性损伤。前者主要是指人体在一瞬间遭受直接暴力或间接暴力的损伤；后者主要是指劳损和陈旧性损伤。劳损是因局部负荷过重或多次微细损伤积累而成，陈旧性损伤常因急性损伤处理不当转变而成。

（4）运动损伤按照个体运动能力丧失的程度，可分为轻伤、中等伤和重伤。伤后仍然能够按照计划进行休闲体育运动的为轻伤；伤后不能按照计划进行休闲体育运动、需要减少或停止患部活动的为中等伤；伤后完全不能运动的为重伤。

### （二）休闲体育运动实践中常见运动损伤的处理

1. 擦伤

擦伤是指肌体表面与粗糙的物体相互摩擦而引起的皮肤表层的损害。

（1）症状

表皮剥脱、有小出血点和组织液渗出。

（2）处理

①较轻较小的擦伤：可用生理盐水或其他药水冲洗伤部，涂抹红药水或紫药水，不需包扎，1周左右就可痊愈。

②较大面积的擦伤：需用碘酒或酒精在伤口周围消毒，如果创面中嵌入沙粒、炭渣、碎石等，应用生理盐水棉球轻轻刷洗，消除异物，消毒后撒上云南白药或纯三七粉，适当包扎。若不发生感染，2周左右即可痊愈。

③面部擦伤：宜涂抹 0.1% 新洁尔溶液。

④关节周围的擦伤：首先进行清洗和消毒，最好用磺胺软膏或青霉素软膏等涂敷在关节擦伤部位。

2. 扭伤

扭伤是指关节发生异常扭转，引起关节囊、关节周围韧带或关节附近的其他组织结构损伤。

（1）症状

关节扭伤时，关节及其周围出现疼痛、肿胀，有明显的压痛感觉，皮下有瘀血，关节活动障碍。腰扭伤时，如是肌肉轻度扭伤，则疼痛显著，脊柱不能伸直；因肌痉挛引起脊柱生理曲线改变者为较重的扭伤。如是棘上韧带与棘间韧带扭伤，则受伤当时会感到局部突然撕裂样疼痛，过度前弯腰时疼痛加重，腰伸展时疼痛较轻，棘突上或棘突之间有局限而表浅的明显压痛点。若是筋膜破裂，则多发生在骶棘肌鞘部和髂嵴上、下缘，伤处有明显的压痛点，弯腰和腰扭转时疼痛较重，腰伸展时疼痛较轻。如果是小关节交锁，受伤当时即有腰部剧烈疼痛感，呈保护性强迫体位，不敢做任何活动，亦惧怕任何搬动，尤其不能做腰后伸活动，疼痛位置较深，不易触到压痛点，叩击伤处可引起震动性剧烈疼痛。

（2）处理

扭伤的一般急救处理为，先仔细检查韧带是否部分撕裂或完全断裂，肢体是否失去功能，注意以冷敷、加压包扎或固定关节为主，外敷活血止痛的药物。受伤严重时马上送医院做进一步的诊治。扭伤后要加强休息，使肌肉放松，可在扭伤部位垫个薄点的软枕头，以减轻疼痛。针对身体不同部位的扭伤，处理方法有一些差别，具体如下。

①关节扭伤：踝关节扭伤是运动中最常见的一种关节韧带损伤，它是因踝关节过度内翻或外翻而导致踝关节内、外侧韧带受损。急救处理时，应仔细检查韧带是否部分撕裂或完全断裂，关节是否失去功能，注意以冷敷、加压包扎或固定关节为主，并外敷活血止痛的药物。

②韧带损伤：可用胶带支持固定，并以弹力绷带包扎。如果怀疑是韧带断裂，最好用海绵垫或较大的棉花垫做压迫包扎，包扎时应与受伤时位置相反，如踝内翻损伤者，则在外翻位置包扎固定。

③腰扭伤：腰部扭伤是腰部软组织的损伤。有明确的外伤史，伤后立即或一、二日后发生腰痛，为急性腰部扭伤，亦称"闪腰"。腰部扭伤后，要停止活动立即休息。如果不休息、不及时治疗，容易反复发作留下病根，造成慢性腰腿疼。扭伤后，用热敷疗法较好。具体方法是：把大盐、麸子或沙子炒热，用布包起来，敷在疼痛最厉害的地方，每天 2 次。另外，可对扭伤部位进行针灸、拔火罐、推拿、按摩、理疗等。

3. 出血

在休闲体育运动中，如果运动不当会引起机体内出血或外出血。

（1）症状

①内出血：无明显症状或皮下有淤青，胸腔或肝脏破裂多有严重的休克。

②外出血：主要为血管内的血外渗或外流。

（2）处理

首先是止血。

①指压止血：根据损伤部位，选用腋动脉或肱动脉压迫点。腋动脉压迫点为外展上臂90°，在腋窝中用拇指将腋动脉压向肱骨；肱动脉压迫点为用食、中、无名三指的指腹把肱动脉压向肱骨。出血部位不同，压迫点也不同。掌指出血，分别按压桡动脉及尺动脉；下肢出血、大腿或小腿大出血，用两手拇指重叠起来，在腹股沟中点稍下方，将股动脉用力压在耻骨上支；足部出血，在足背及内踝后方压迫胫动脉和胫后动脉。

②止血带止血：用皮管、皮带及气止血带缚在出血部的近端，压力不应小于200毫米汞柱动脉压力。缚上止血带以后，局部会出现疼痛，时间长了还可能使肢体缺血坏死，造成残废，甚至危及生命。所以，使用止血带时要严格按照正确的方法进行操作。缚上止血带时应多垫棉花或衣服，上肢每0.5小时、下肢每1小时分别放松一次，以免肢体麻痹或坏死。

③充填：针对躯干的大伤口或不能上止血带的部位，用消毒纱布充填伤口压迫止血。

其次是包扎。

用绷带或三角巾包扎出血部位或肢体。其中，三角巾的包扎一般用在对伤肢的固定以及悬吊上，如上臂的骨折、脱位，手及头部的包扎等。下面重点介绍绷带包扎出血部位或肢体。

①环形包扎法：针对手腕、小腿下部、额等部位的出血，将绷带斜置于被包扎部位，一手大拇指压住绷带斜端，另一手绷带绕伤处一周，再将带头斜角折回，依次反复进行，结束时采用别针或将绷带剪成两条将末端进行固定。

②扇形包扎法：针对关节部位的出血，可从关节上向关节下缠绕，即实施向心性扇形包扎，或从关节向关节的上下缠绕，实施离心性扇形包扎。

③螺旋形包扎法：针对上臂、大腿下端、手指等部位的出血，将绷带先从粗端环形包扎，然后将绷带斜缠，后一圈盖前一圈的1/2或1/3，结束固定同环形包扎。

最后是急救。

用查血色素、红细胞及血球容积的方法诊断，严重休克者，应及时输血或手术治疗。

## 二、营养学知识

### (一) 营养的重要作用

1. 提高运动能力

人在剧烈运动时，体内细胞的破坏与新生也相应增加。红细胞的组成成分是蛋白质和铁，若不足可引发运动性贫血，影响运动时的氧代谢能力，降低耐久力。因此，及时适量地补充蛋白质是很必要的。剧烈运动时，体内维生素的消耗也明显增加，激素和酶的反应也很活跃，这些物质的补充都需要通过饮食。另外，在剧烈运动时，体内酸性代谢产物堆积，也需要补充相应的矿物质以消除疲劳。一般塑身类休闲体育运动的能源物质是以糖类为主，其次是脂肪。强度较高的休闲体育运动则需要更多的脂肪和蛋白质。同时，还需相应地增加维生素及某些微量元素，这样才能提高运动能力，加速运动后体力的恢复，并真正实现强身健体的目的。

2. 促进智力发育

中枢神经系统和大脑的发育与营养的关系更为密切，营养能为神经细胞和脑细胞合成各种重要成分提供所需要的物质，促进智力发育。成年人如果营养不良也会导致记忆力的衰退，为了维持大脑的正常功能，成年人尤其是脑力劳动者应保证足够的营养。

3. 减少疾病

营养不足或缺乏可直接或间接引起某些疾病，例如机体缺铁导致贫血，缺碘易患甲状腺肿大，维生素 D 和钙缺乏则易患佝偻病等。营养不良使机体免疫力下降，抵抗力降低，传染病的发病率增加，病程延长，影响健康。营养不良还可以引起内分泌失调，并导致一些功能障碍。营养问题是人类生存中重要的问题之一，因而，要精心选择和搭配食物，以保证充足的能量和各种营养素，防止营养不良而导致的疾病。

### (二) 不同类型的营养食物

1. 肉类食物

肉类食物包括家畜家禽的肌肉、内脏及其制品，肉类食物含有各种丰富的营养素，是人类蛋白质、脂肪、矿物质与维生素的重要来源。肉类食物中碳水化合物含量极低，仅有少量以糖原形式存在于肌肉和肝脏中。肉类食物含有丰富的蛋白质，其氨基酸组成和人体蛋白质的结构接近，营养价值高。瘦肉含矿物质也较多，有磷、钾、钠、镁、氯等，红色瘦肉还含有铁。不过肉类缺少钙，乳类是钙的最好的食物来源。肉类食物中矿物质的含量在 0.6%～1.0% 之间，主要有磷、钙、铁等，肉类中铁的存在形式有 40% 左右是血红素铁，由于不受膳食因素的干扰，其生物利用率高。

肉类食物虽然含有丰富的营养物质，但这类食物中含有一定量的动物脂肪，脂肪含量与肉的肥瘦度有关，肥肉脂肪多，瘦肉蛋白质多。对于肥胖者来说，还是适量食用为好。在适量范围内，尽量选择脂肪含量少的瘦肉、鸡鸭肉等。肥胖的人，特别是患有高胆固醇血症的肥胖者，每天吃鸡蛋最好不超过 1 个，尽量少吃动物内脏、肥肉，以减少脂肪和胆固醇的摄入量，这样有利于控制体重和血脂。

2. 蛋类食物

蛋的蛋清、蛋黄两部分营养素有很大的不同。蛋清约占全蛋的 2/3，主要成分是蛋白质，营养价值很高，蛋黄含有较多核黄素，是核黄素的良好食物来源。

3. 奶类食物

奶制品是一种营养丰富、食用价值很高的食品。各种动物乳汁所含的营养成分与其幼畜的生长速度有关，对各种初生动物都是一种完全食品。动物奶类对于人类也是一种理想食物，尽管其成分与人乳不同，但增加奶类制品的摄取，对于改善我国居民膳食结构有非常重要的意义。除了人体所必需的蛋白质、脂肪和碳水化合物外，牛奶中矿物质含量 0.6%～0.7%，其中以钙、磷、钾含量较高。牛奶中含量较高是维生素，但奶中维生素含量与饲养条件和季节有一定关系。如当饲以青饲料时，其维生素 A 和维生素 C 的含量较喂干饲料时有明显增加；奶中维生素 D 含量不高，但夏季日照多时，其含量有一定增加。

奶是钙的最佳来源。酸奶作为奶制品的主要种类之一，是一种有助于消化，还能有效地防止肠道感染、提高人体的免疫功能的食品。与普通牛奶相比，酸奶脂肪含量低，钙质含量高，还富含磷、钾以及维生素 B，这些元素都对人体大有裨益。

4. 蔬菜水果类食物

新鲜蔬菜都含有大量水分，多数蔬菜的含水量在 90% 以上，碳水化合物的含量不高，蛋白质含量少，脂肪含量更低，因此不能作为能量和蛋白质的来源。蔬菜含有丰富的膳食纤维，它能促进肠道蠕动，利于大便排泄、减少油耗物质与肠黏膜的接触时间，还能降低血胆固醇，对预防控制动脉粥样硬化、糖尿病和肥胖都有好处。如洋葱和大蒜，它们含有钾、氟、硫、磷肌酸、维生素

A 和维生素 C，具有消炎、去敏的功效，能降低胆固醇、高血压，减少心脏病的发病率。又如花菜和西兰花，西兰花含有健美皮肤的维生素 B、维护牙齿的维生素 C 和矿物质（如铁、钙、钾等）。再如菠菜和香菜，菠菜和香菜中除了富含铁质外，更含有大量维生素 A 与维生素 C，对皮肤、牙齿十分有利。香菜中还富含钙、锌、钾、维生素 A 和维生素 C 等元素，可利尿，有利于维持血糖含量并能防癌。

鲜果类的营养价值与新鲜蔬菜相似，含有大量水分、很少的蛋白质和脂肪，但水果中的糖类与蔬菜不同，主要是果糖、葡萄糖、蔗糖，在未成熟的水果内则含有淀粉。水果所含的矿物质和维生素也不如蔬菜多。水果具有芬芳的香味、鲜艳的颜色，并含有许多有机酸，这些是蔬菜所不具备的特点。蔬菜和水果都含有大量水分，相对于其他食物来说体积大、能量低，从控制能量的角度考虑，超重和肥胖的人应该多吃一些这样的食物。如木瓜和草莓，它们含有丰富的维生素 C，两者的维生素 C 含量都远远高于橘子，有利于皮肤结实嫩滑。木瓜尤其有助于消化人体难吸收的肉类，因而能有效地预防肠道疾病。草莓不但汁水充足，味道鲜美，而且热量很低，同时还含有维生素 C 与钾，对头发和皮肤都很有好处。

## 三、医疗卫生知识

### （一）休闲体育运动的医务监督

1. 用医学的手段监控休闲体育运动

如何控制运动负荷不超出运动者的生理极限，使休闲体育运动既达到目的又不会引起机体过度疲劳，这是休闲体育运动医务监督研究的主要课题。

2. 进行体格检查

训练医务监督的另一内容是通过体格检查和机能测试，对运动者的身体机能状况进行综合评定。这种检查可在不同的阶段和不同的状态（如安静状态、训练过程、恢复过程）下进行。除阶段性的定期检查外，还可进行动态观察和比较。

3. 运动性伤病的预防和治疗

为了使运动者正常参加休闲体育运动，要及时发现和正确处理运动者的运动性伤病。掌握运动者患各种疾病和运动损伤后开始恢复运动的适宜时机、运动的内容和运动量等等。

4. 消除运动性疲劳

休闲体育运动引起的精神疲劳和身体机能的下降，是人体为维护正常的功能做出自我保护的一种生理现象。所以，对运动者的精神疲劳要给予充分的重视和采取有效措施，以免引发机能调节的紊乱和过度疲劳。

## （二）运动者的个人卫生

1. 饮食卫生

运动者应养成良好的饮食卫生习惯，如饭前便后洗手，不喝生水，生吃瓜果要用流动的自来水洗净并削皮或用开水洗烫或用消毒液浸泡，不吃腐败变质的食物，防止暴饮暴食。此外，也要注意合理膳食。

2. 皮肤卫生

皮肤里有汗腺和皮脂腺，汗腺排出部分代谢产物，并调节体温；皮脂腺分泌皮脂，保持皮肤润滑。运动者应经常保持皮肤清洁，因为当汗腺孔及皮脂腺孔堵塞时，细菌会繁殖起来，发生毛囊炎或疖病。且洗澡时应避免用过热的水和长时间淋泡，因为会使皮肤过分脱脂而干燥，同时还会使人嗜睡或全身无力。游泳后要淋浴。脚趾间皮肤易脏，易发生糜烂，会感染足癣，要注意清洗。患足癣者应积极治疗，指甲经常剪短。

3. 睡眠卫生

睡眠是消除运动疲劳的重要措施之一，可使人的体力得到提升。睡眠前应保持安静，避免刺激，一般睡前 1 小时应停止运动，以免兴奋而影响睡眠。若有失眠，次日可稍减运动量。运动者应保证有 8~9 小时睡眠，经常睡眠不足会引起过度疲劳。另外，为保证睡眠质量，卧室应保持整洁、温度适宜、空气新鲜、卧具清洁保暖。且晚饭不应过饱，睡前不宜用脑过多。

4. 日常生活卫生

为了增进健康，达到休闲体育运动的目的，运动者应建立和保持相对稳定的生活制度，按时起床、早操、进餐、训练、休息、工作、学习和睡眠。外出比赛如有时差影响，应尽快调整，适应新环境。

# 第四节　时尚休闲体育运动在大学生群体中的普及

## 一、攀岩运动在大学生群体中的普及

### （一）攀岩运动的含义与分类

攀岩运动是攀登者利用技术装备，伴随着同伴的保护，靠自己顽强的意志、体力以及思维能力，在高度和角度不同的岩壁上、有限的时间内主观判断选择出最佳的、最合理的线路，并且正确地完成转体、腾挪、蹿跳、引体等十分惊险的技术动作，直至完成整条路的攀登。攀岩运动是一项集智力、体力于一体的心智型体育运动。

攀岩运动的分类如下：

1. 按使用器械方式分类

（1）竞技攀岩。在非常安全的路线上进行攀登，可借助于器械。

（2）自由攀岩。器械仅用于保护，利用自己的手脚进行攀登。

（3）器械攀岩。借助于各种攀岩器械进行攀登。

（4）徒手攀岩。不借助任何攀岩器械进行攀登。

2. 按保护的方式分类

（1）先锋攀岩。从岩壁底端开始，一边攀登一边把保护绳挂入保护点。

（2）顶绳攀岩。保护绳从上端已经挂好，只有上方一个保护点的保护方式。

3. 按运动场分类

（1）人工场地攀岩。在人工攀岩墙进行的攀登。

（2）自然场地攀岩。野外大自然中岩石上进行的攀登。

4. 按攀岩比赛的组织形式分类

（1）个人单攀岩。又分男子单人和女子单人攀登。

（2）双人攀岩。两两结组进行攀登，裁判员指定路线。与单人攀登赛不同的是其比赛需两人一组。不仅进行攀登技术和速度的比赛，还评判组内成员互相保护的技术。

（3）自选路线攀岩。是指登上岩壁顶部和下降的路线由运动员自己来选择的比赛。这种比赛不仅比赛攀登技术和攀登速度，路线选择的好坏也在评判范围内。

（4）集体攀岩。同正规登山活动一样，参加者事先编好4~6人的小队，装备全套登山装备包括睡袋、帐篷、炊具、绳索、保护器材、冰镐等，途经事先指定的路线，在事先指定的地点搭建和拆除帐篷，行进途中彼此保护。此项目允许小队自己选择路线攀登。攀登技术、小队战术、保护技术、通过全部路线的时间等都在比赛的内容范围内。

### （二）人工岩壁上的攀岩技术

#### 1. 人工岩壁的攀岩手法

攀登过程中要让身体向上运动以及贴近岩壁，这也是用手的目的。岩壁上的支点常见的有几十种，形状各异，攀登者要熟悉所有的形状，面对不同形状知道该抓何处如何使用力气。

抓握的方法有多种，都是根据支点上突出或凹陷的位置与方向判断使用哪种，其中包括抠、捏、握、拉、攥、推等，要具体情况具体分析，灵活选择应用。例如，遇见圆疙瘩上有个小平台这类的支点，通常是选择手搭上去垂直下拉，也可以全部捏住、手拉，这样身体即可贴近岩壁了。再如，当两手需要同时抓住一个支点时，为了不用换手，可以让后手去抓最好抓握处，而不是前手。抓握支点的过程中，如果是水平用力，要通过向下的拉力增加摩擦力，那么手臂的位置一定要低。最好让拇指搭在支点上充分发力。遇到常见的浅槽的支点时，为了增加力量，可以选择把指肚那一面扣进手槽之中，又或是横搭在食指和中指的指背上。

当攀登路线很长时，在较容易的地点，两只手可以轮换休息。一定要寻找没有仰角或者仰角角度小且有比较大的支点的地点。休息时双脚要在支点上踩稳，拉直手臂，弯曲则得不到很好的休息。腰部向前顶让下身与岩壁贴近，上身往后仰，整个身体重心放在脚部，这样手臂的负担会减轻。攀登前要活动手指，并擦些镁粉，以免打滑。

#### 2. 人工岩壁的攀岩脚法

攀登过程中要充分利用腿脚的力量，腿部的耐力很强，爆发力和负重也十分大。攀岩所穿的鞋通常情况下都是特制的，哪怕是宽度不到1厘米的支点，踩在上面也可以稳稳地支撑身体全部力量。

一只脚只有四处可以接触支点：鞋正前尖、鞋尖内侧边（拇趾）、鞋尖外侧边（四个脚趾的指尖）和鞋后跟尖（主要是翻屋檐时用来挂脚）。不能踩太多，宽度要在一指左右。当整个脚掌放上去时，目的是脚承力的同时能够左右活动旋转，进行换脚转体等。换脚是攀登中经常用到的基本动作。初学者十分容易出错，他们通常是前脚使劲一蹬、跃起，后脚准确地落在前脚原来的支点上，看上去动作利落干脆，但让手指吃劲很大，也会导致身体失去平衡。最重要的是，一旦支点较高，则无法这样去做。

正确的做法是不增加手上的压力保持平稳。以右脚换到左脚为例，首先把左脚提到右脚的上方，右脚以脚在支点上最右侧为轴逆时针（向下看）转动，支点左侧的位置空出来，重心还压在右脚上，左脚从上方切入，踩点，右脚趁势抽出后重心过渡到左脚。动作连贯起来，右脚从支点滑出，左脚同时滑入，体重一直由双脚负担，手只用来调节平衡，如同脚底抹了油一般。攀登过程双脚不仅要支撑体重，也要保持身体平衡。脚不一定时刻踩在支点上，调节身体重心的位置时，可以选择把一条腿悬空，使身体重心稳定地传到另一只脚上。

### （三）大学生参与攀岩运动的意义

#### 1. 锻炼身体，提高身体素质

攀岩运动不但可以强化大学生四肢肌肉的耐力，增加手、脚、眼睛的协调能力及平衡感，而且其身体也会因为攀岩的动作而增加柔软度，另外，还能增强体力，提高力量、速度、柔韧、灵巧、耐久等多项身体基本运动素质。

#### 2. 磨炼意志品质，提高心理素质

攀岩可以磨炼大学生坚忍不拔、顽强拼搏的意志品质，还可提高大学生的心理调控能力以及自信心、进取心、荣誉感和自我超越的决心等多项心理素质。

#### 3. 培养团队精神，适应社会

攀岩是一项团队运动，在攀岩过程中，大学生自身会得到他人的保护和帮助，同时其也要参与对他人的保护和帮助。因此，参加攀岩活动能很好地锻炼大学生的协作精神，养成团队意识，同时学会在团队中对伙伴的信任、责任和尊重。参加攀岩运动能提高适应社会的能力，这一点对即将走入社会的大学生来说尤为重要。

## 二、滑雪运动在大学生群体中的普及

### （一）滑雪运动的含义与分类

滑雪运动是指在雪地和冰地进行的运动，是季节性很强的体育项目。滑雪运动有着悠久的历史。古代生活在寒冷地区的人们学会了在厚厚的雪层上进行

滑雪。在我国，滑雪运动深受人们的喜爱，尤其是在东北地区，滑雪运动不仅是专业运动员的挚爱，也是举家出游、朋友聚会的好选择。它集竞技、健身、娱乐于一身，有着极为广泛的群众基础。经常参加滑雪运动，不仅能显著提高人的心血管功能，增强呼吸系统的机能，同时又可以远离城市的喧嚣，与大自然亲密接触，呼吸新鲜空气，领略自然风光，给人们带来极大的乐趣。

现代滑雪运动主要分为以下类型：

1. 阿尔卑斯山式

滑雪是指沿雪坡滑降的滑雪运动，其名称是由滑降运动源于阿尔卑斯山而得，包括了各式技巧和动作，其中三种最基本的动作包括：直降、横渡和转弯。

2. 北欧式

滑雪包括了越野滑雪和滑雪跳跃，名称的由来是因为这种运动起源于北欧各国。越野滑雪是最大众化的滑雪方式。

3. 自由式

自由式滑雪其实就是一种特技表演，表演者从陡峭而崎岖不平的雪坡向下滑降，同时还得表演后跳、踢腿，甚至翻跟头等其他惊险的特技。

**（二）滑雪运动的基本技巧**

1. 滑降

（1）直线滑降

双板平行，沿"滚落线"直线下滑，雪杖支撑作调整，肩板同宽板平行。向下对准"滚落线"，目视前方头抬起。胫骨微压靴前壳，上体放松体前倾。肩臂放松臂前伸，两膝微屈体微蹲。雪杖两侧自然分，两脚前掌承重心。

（2）八字滑降

八字滑降也称犁式滑降，指雪板呈八字形从山上直线滑下的技术动作。

八字减速控滑行，技术动作七要领：板尾同时向外展，头窄尾宽八字形；双膝微屈稍内扣，内刃立起嵌雪里；控制强度靠变刃，两脚后跟侧前蹬；减速、停止同用力，小八减速大八停；两眼目视前下方，重心落在两板间；臀部切忌往后坐，脚前内侧承重心；手握雪杖放髋部，上体放松体前倾。

（3）八字转弯

八字转弯也称犁式转弯。在滑行中保持雪板成八字形，依靠身体重心向一侧板移动或加大一侧雪板的蹬雪力量来改变方向。八字直线滑降时，重心速向一腿移。内刃承重侧下压，加力蹬伸下压体。身体姿势不能变，浮腿保持八字形。两（内）刃轮流压重心，滑行路线S形。

（4）半八字转弯

一板是八字滑降板型，另一板是直滑降板型。

一板八字一板直，八字板上承重心。立刃、加压、加蹬伸，浮板收近保平行。

（5）半八字连续转弯

在进行左右各一次的半八字转弯过程中，加上一个双板平行滑行的过渡滑行阶段。左右半八转弯间，加进双板平行滑。按照压雪板不同，转弯方式分两种。两种方法交替练，先慢后快变节奏。

2. 斜滑降

用直线斜着滑过坡面，双板平行膝微屈，膝踝关节向外（山上）倾。肩髋扭动朝山下，身体形成反弓形。肩、髋、两膝各连线，几乎与坡面平行。三分之一板承重，双刃（上外、下内）嵌入山体里。体重上下两板分，下板更多承重心。上板前出约半脚，两刃刻入前滑行。杖握身前臂放松，目视前方约10米。防止拖滑和横滑，保持姿势体放松。减速后跟压下板，增速体重往前移。

3. 横滑降

雪板横着沿垂直"滚落线"方向直线或斜线滑行。上板超前约半脚，两脚靠近板平行。身体侧对"滚落线"，上体尽量向（山）下拧。双腿微屈向外（山上）压，目视山下稳重心。双板后部向下推，下板更多承重心。控制方向靠雪板，配合转向扭上体。控制速度靠两刃（上外、下内），平放滑行嵌入停。横滑速度不要快，可与斜滑作交替。横着向前或向后，臀部后坐或前顶。

4. 双板平行连续转弯

两雪板保持平行状态进行的转弯姿势同斜滑降，双板平行两脚近（约10厘米）。左转之前下屈体，左杖点下体上引。身体引向前上方，向左"倾过"换重心。双板同时立左刃，右脚承重左脚起。重心内移体下压，扣膝翻掌踝内拧。右板内刃侧蹬伸，左板（外刃）辅助保平行。转弯滑入"滚落线"，继续向前屈踝膝。右转弯前下屈体，右杖点下体上引。

**（三）大学生参与滑雪运动的意义**

1. 锻炼平衡能力、协调能力和柔韧性

滑雪是一项全身的运动，实质就是掌握平衡的过程，在重心的不断切换中找到平衡点。与平衡能力密切相关的就是协调能力。这都是对大学生全身神经系统一次全方位的锻炼和提高。

2. 改善关节工作强度

在滑雪的过程中，要做出优美流畅的动作，顺利地滑降和制动，就需要身体各个关节的配合才能做到。因此，滑雪对于大学生身体的关节能起到比较良好的锻炼作用，激活僵硬的身体，使得身体的柔韧性增强。

3. 提高心肺机能水平

滑雪和跑步、游泳一样属于有氧运动，能够增强大学生的心肺功能。此外，在雪场的冷空气中运动，也是对身体氧气运输系统的考验，这也在无形中锻炼了心血管缩张的能力。

4. 减肥、瘦身

对于那些想减肥的大学生来说，滑雪也是一项不错的运动。一个速度正常的滑雪者一小时消耗的热量为734卡，相当于在1小时内跑了9.5公里的运动消耗量。

5. 振奋精神

寒冬季节，大学生容易产生心理上的忧郁、沮丧，且易疲劳、注意力分散、学习效率下降等，这种季节病称为"冬季抑郁症"。改变低落情绪最基本的方法就是活动，尤其是室外活动。室外滑雪自然也不例外。

6. 愉悦身心

当驾驭着雪板徜徉在雪白的冰雪世界里，大自然的纯洁和飞驰其间的愉悦，会让忙碌于学习的大学生身心顿感轻松。

# 第四章　高校竞技体育文化理论与实践

竞技体育是一种特殊的体育形式，具备深厚的文化底蕴。竞技体育文化发展至今，已经成为世界性的文化符号，展现着各民族的价值取向与人文气息。与此同时，竞技体育和校园体育文化之间的关系也非常密切，本章将着重对高校竞技体育文化的相关内容进行探究。

## 第一节　竞技体育文化的基本理论

### 一、竞技体育文化的内涵

体育活动中最鲜明、最突出的亮点是竞技。竞技体育作为社会生活的一部分，在现代生活中扮演着越来越重要的角色。在竞技体育中，人们通过体育活动看到的是不断超越、顽强拼搏、公平竞争、团结友爱的爱国主义精神，特别是奥林匹克运动的公平、公正的精神，呼唤着人们身体和心灵的完善、人际关系的和谐以及对美的无限追求。

现代竞技体育的主要表现形式是国际奥林匹克运动会，可以说奥林匹克文化代表了当今体育文化的主要精神。《奥林匹克宪章》明确指出：奥林匹克的宗旨是使体育运动为人的和谐发展服务，以促进建立维护人的尊严的、和平的社会。奥林匹克思想所追求的和谐是以个人为起点，进而延伸到人与自然、人与人，最后扩展到整个国际社会的和谐，造就全人类和谐的理想生存状态。

竞技体育与大众体育有明显的区别。大众体育淡化了体育竞争的功能，强化了体育活动的休闲娱乐性，而竞技体育体现的是竞技选手超越自身极限、敢于面对和接受挑战的体育精神，"更快、更高、更强"成为竞技体育追求的目标。在经过残酷的竞争淘汰之后，优胜者会得到奖赏和追捧。这种强调对体育竞赛优胜者的奖励以及社会对优胜者的追捧，在一定程度上催化了现代竞技体育精英文化的延伸。特别是在当下的市场经济社会，竞技体育精英文化与充满竞争的社会环境不谋而合，在现代竞技体育水平不断提高，社会对竞技体育的关注不断加大的情况下，竞技体育的精英文化与社会竞争形成了有效融合，不屈不挠的拼搏精神以及更高、更快、更强的奋斗目标成为当代社会核心的竞争力。

## 二、竞技体育文化的特征

### （一）多样性

竞技体育本身包含的内容非常丰富，它并不是简单的人与人或团队与团队之间的比赛。参与竞技体育的角色有很多，不同的角色在竞技体育文化中会形成不同的形态。例如，参与运动竞赛主体运动员和教练员扮演的角色并不相同，他们通过紧密的合作共同来争取最好成绩，从而获得一定的物质与精神收益。

观赏竞技体育的观众不是体育赛事的参与主体，但却是竞技体育中不可或缺的客体。观众欣赏体育赛事的目的在于愉悦身心。现代竞技体育的产业化发展正是鉴于赛事对观众的吸引力获得蓬勃发展的，没有大量的观众，该运动的产业化发展就会遇到阻碍。

竞技体育的组织者可以说是竞技体育产品的生产人。体育赛事在现代可以被看作是一种产品，而生产者的生产水平直接决定了能否给赛事产品卖出一个好的价格。而由此获得的资金就是竞技赛事生产者获得的收益。当然，这里所说的给赛事产品卖出好的价钱只是竞技体育价值中的一种。除获得丰厚的经济收益外，通过组织和销售精品赛事，还可以在政治领域和多样的经济领域中获得不菲的收益。

竞技体育中的文化内涵丰富，这也是竞技体育表现出多样性的原因之一。竞技体育文化在内容上也具有特殊的指向，这点主要体现在参与竞技体育运动的人可以是运动员，也可以是普通民众。运动员参与的竞技比赛是有明确目的的，他必须按照运动队或组织者指定的活动内容进行，而相比目标指向较为．明确的运动员来说，普通民众参与的竞技比赛就更加自由，可选择的范围更广，当然其内部存在的"竞争性"也就含量更低。因此，活动方式的多样性是由于体育活动内容的多样性所决定的。不同的活动目的和内容，就会使活动主体以不同的方式参与其中。

### （二）规则性

竞技体育需要在一个公平、公正、公开的环境中有序进行，这种有序性最直接的实现方法就是给竞赛双方的运动员制定强制性的竞赛规则。由此就使得通过竞技竞赛演变出来的竞技体育文化也就带有非常显著的规则性特征。同时，这种竞技体育文化也促使参与某个运动项目的运动员在比赛前，甚至从小接触该运动项目的运动训练时就应该对这项运动的竞赛规则有所了解和学习，否则就不能够把握这种特殊游戏的运动进程，再加上现代体育单项组织都在积极探索运动发展之道，其中的主要手段就是通过修改规则获得，如果运动员不能与时俱进地参透规则，那么可以预见他一定在竞赛中处于下风。

由此可见，竞技体育文化是一种以物对人的制约，也是主体之间的相互制约。在和平时期，体育竞赛就是最好的"战争"形式，再加上现代竞技体育越发商业化和职业化，一场比赛的胜负就能最大限度地决定利益的归属，由此使得它更能将人们心底深处的竞争欲望通过运动的形式表现和宣泄出来，但为了保证竞赛的有序和公平。就需要制定一个大家共同遵守的规则给予运动员在场上行为的限制，以保证这个运动过程的公平，也就是说，竞技体育的规则就是一种自我约束机制的产物，是体育文化内部多种形态的基础。

### （三）互动性

竞技体育文化的互动性特征主要由主体的互动来表现。主体在参与竞技体育活动时会在许多方面有所互动，如在集体性竞技运动中同队队友之间在场下的交流和在场上的配合；竞技运动通常会有观众在欣赏赛事，因此，运动员与观众间互动也是非常必要的；在观众席上，观众之间的互动也是竞技比赛中不可缺少的，如整齐划一的口号与加油方式等，都是运动场边独有的"风景"。

除了场外观众缔造出的竞技体育文化的互动性外，在一些体育活动中，活动内容之间的互动使它们在形态上相似而使迁移有了某种互动的可能，可以说是活动的主体在其互动过程中对活动内容认识后的结果。不同的运动形态有其项群特征，表现出一定的相似性，如乒乓球是从网球运动演化而来的，两种运动在许多方面有着诸多相似的地方；另外，这种相似性还在橄榄球与足球、篮球之间的关系中有所体现。

### （四）功利性

当今的竞技体育越发向商业化和职业化发展，一场比赛可以决定利益的归属，而且这个利益在如今一直未来的趋势必定是大幅度增长的。这些就使得运动员非常看重比赛的胜负，由此也使得竞技体育的竞技性特点大增，以至于表现出了强烈的功利性特征。竞技体育文化的功利性表现在它是促进体育活动主体向自然、自我挑战的源泉之一。

实际上竞争在现代社会的每个角落中都是存在的，而对于从事竞技体育的运动员的功利性来说，其主要表现在一种自身价值的社会认可，然后才是作为谋生工具的生存手段。不过在竞技体育的功利性在现代社会中越发凸显之后，一系列竞技体育的幕后操作和黑幕也开始出现，甚至在许多体育运动比赛中都或多或少的出现了假、赌、黑等丑恶现象。这些乱象势必影响竞技体育的健康发展和有序进行。

竞技体育的功利性并不是竞技体育本身的梦魇，如果相关部门对竞技体育中的丑恶现象给予强大的打击力度，那么相信竞技体育的功利性行为和结果就会得到正确的疏导，从而将竞技体育的发展道路始终扶正。

### （五）渐进性

竞技体育是在经历了一个漫长的历史时期后才演化成今天人们看到的样子的。竞技体育的起源也是人们日常开展的游戏或生存技能教学活动。此后随着人类社会文明的进步，社会中的方方面面都渗透着对资源的占有，由此便产生了竞争的意识。久而久之这种意识开始逐渐融入体育运动当中，就使得原本只含有少量竞争意味的体育运动越发具有竞争的内涵，直到今天成为人类体育运动文明中占据绝对位置的体育运动方式。竞技体育文化的渐进性也是由参与竞技体育的主体展现，这种竞赛主体的渐进性主要通过横纵两个方面展现。其中，所谓的纵向体现是指活动主体实施体育后在身心发展方面的渐进，而横向体现则是主体在实施体育后所形成的不同层次主体。

竞技体育的渐进性是活动主体经过长期体育运动实践后得出的经验的汇总，目的在于能够将这些经验反向指导体育运动实践，达到更好地进行体育活动的目标。其中，最能体现竞技体育渐进性的内容就是与不同运动项目相关的运动技战术和运动器材的演变。例如，早期的乒乓球拍使用的材质是羊皮纸，此后逐渐使用硬纸、金属、木板，再到现代使用的碳纤维、芳基纤维和玻璃纤维材质，新型材料使用到运动器材当中可使乒乓球拍更加轻便、耐用、性能更稳定，而这个过程显然是循序渐进的过程，而非一朝一夕。

## 三、竞技体育文化的价值

竞技体育是一种特殊的体育文化现象。以竞技体育文化为核心的奥林匹克运动超越了一般体育文化的范畴，成为当今社会发展的主流文化。它的发展对体育的整体发展有着深刻而广泛的影响，并进而推动着社会其他相关文化的发展。

### （一）教育价值

竞技体育文化与教育有着天生的不解之缘。在古希腊，受当时生产活动和军事活动的影响，教育的主要内容就是对身体的教育。"更快、更高、更强"是奥林匹克运动格言，它体现了敢于拼搏、不断上进、勇于向上的精神。它不仅具备鲜明的体育运动的竞技特色，激励场上运动员在赛场上奋力拼搏，力争取得好成绩，同时也激励社会中的每个成员在生活中的每一方面不断超越自我，不断创新提高。在比赛中"公平、公正、公开"这一准则不仅是运动员要遵守的，也是人类交往的准绳。集体竞赛的协同配合、在场下教练员的关怀指导、国家、社会、朋友、亲人的支持，都有利于培养人们的集体主义观念和团队精神。可见竞技体育文化不仅在赛场上有着教育运动员的功能，在整个社会中也充当着重要的榜样角色。

### （二）经济价值

竞技体育的发展大大刺激了经济的发展，并且作为一个经济增长点极大地提高了国民经济。竞技体育文化虽然是在现实中不存在的，但却拥有可观的无形资产，如冠名权、电视转播权、徽记、会歌等的专有权和使用权。竞技体育文化是一种特殊的商品，企业愿意出资收购无形资产，以获得更大的广告和销售收益。不仅如此，在竞技运动中，同样创造了大量的就业机会，在一定程度上缓解了就业压力。此外，在竞技体育文化的影响下，群众参与体育运动所购买的体育器材、服装也创造了大量的收入效益。由于各种比赛在不同地域举行，体育旅游也就随之兴起，为餐饮业、服务业提供大量的收益。在获得物质利益的同时，竞技体育文化也为宣传国家形象，提高国家在国际中的地位提供了巨大的支持。可以说，在竞技体育文化中，它所产生的经济价值是巨大的。

### （三）娱乐价值

竞技体育本身就是起源于游戏运动，游戏和追求快乐是竞技体育的实质。从 20 世纪 50 年代开始，人民生活水平逐步提高，开始有大量的空暇时间，这时人们不再满足物质需要，开始转向追求精神满足。随着现代媒体的迅速发展，特别是新兴的网络传媒，竞技体育文化开始全方位的包围了人们的生活。竞技体育文化业逐步形成了以娱乐性、观赏性、互动性为主要内容的氛围。而且，在运动员完成优美的动作时，人们会为运动员的高超的技艺惊叹不已，得到美的享受，满足了观众体育观赏的心理需要。观众受此影响在业余时间进行一些娱乐性的体育运动，从而满足自身的身体需要。来自不同国家、不同地区、不同种族、不同宗教信仰的人们聚集在同一个地方以最简单、最直观易懂的身体运动进行着相互理解、相互沟通，它比语言、文字为表现形式的文化来说更具有一定的优越性。场上运动员向观众呈现他们最完美的动作，观众对运动员报以热烈的掌声，这种不需要语言、文字的互动交流是其他交流方式无法比拟的。

# 第二节　高校竞技体育的发展趋势与人才选拔

## 一、高校竞技体育的发展趋势

### （一）职业化

市场经济观念和商品观念逐渐进入普通百姓的观念之中，人们对体育需求的多样化促进了竞技体育的社会化和职业化发展，消费意识与能力的提高为职业竞技体育的发展奠定了基础。我国的竞技体育社会化发展正处于发展阶段，因此普通高校以及专业体育院校需要经历市场的考核，而竞技体育进入高校为这些学校之间提供了一个宣传自己的舞台，为竞技体育的发展提供了摇篮。如今竞技体育院校化已经成为一种必然的趋势，伴随着竞技体育的职业化趋势，高校之中的竞技体育也会随之转入职业化发展之中。

自 1978 年之后，我国的社会经济体制开始发生转变，其中最为突出的是我国社会主义市场经济体制的建立与完善。其次是我国竞技体育体制的发展，我国的竞技体育体制逐渐由原有的政府型向着"政府—社会"型转变，最终转变成一种以社会之力来发展体育的模式。近年来，我国高水平竞技体育显现出一种蓬勃发展之势，社会上出现了多种不同模式的高水平竞技体育队伍和相关的多元管理主体。下面从社会学的角度来分析这一现象，为我国竞技体育的发展提供一定的社会依据。

1. 我国政治、经济体制改革的不断深入

从经济体制的改革上我们可以发现，我国于 2001 年 12 月 11 日正式加入世界贸易组织，至此我国的对外开放政策开始进入新的阶段，主要表现在由政策性开放转向制度性开放，由局部的开放走向全方位的开放，由一般竞争性领域的开放走向以服务业为重点的全面的产业开放。其中，我国的体育事业位于经济产业结构中以服务业为主的第二产业范畴，所以在这种改革的趋势之中，我国体育体制中原有的一些与市场经济不相适应的体制必须进行实质性的改革。具体到现行的体育体制，对其的改革正是顺应经济发展规律的选择，为我国的竞技体育在未来的可持续发展铺平道路。从政治体制的改革历程看，我国的体育事业一直以来都是"政府管理型"体制，但是，近年来在体育系统之中也采取了一些改革措施。

2. 商品经济体制下人们体育观念的转变

由于我国经济体制的不断改革，经济全球化加大了世界文化之间的交流。政府逐渐意识到只有奥运会是不能满足大众需求的，因此众多单项体育项目逐渐向职业化、市场化、商业化发展。我国于 20 世纪 90 年代末颁布并实施了《全民健身计划纲要》（以下简称《纲要》）。《纲要》实施后，由于政府的引导以及各大媒体的宣传，逐渐将民众所具有的体育就是竞技这单一的观念，转变为体育是竞技与休闲、娱乐、健身结合的一种运动，使更多的民众参与其中，逐渐成为现代社会的一种社会需要与社会时尚。因此，竞技体育发展的社会化、竞技体育队伍的职业化、管理主体的多元化、竞赛组织运营的市场化已逐渐成为一种趋势和社会现实。

3. 人们体育消费意识与能力的提高

自改革开放至今，我国由最初的以经济建设为目标，逐步发展为以快速提升社会发展为主要目标。我国社会发展的最终目标是提升国民生活质量，国民生产活动方式的变革使得体育功能、形式和内容都发生了变化。由于体育性质发生了改变，各国都为此提供了与之对应的政策来促进休闲运动的发展。我国的双休工作制度以及每年的小长假，都有助于体育消费的发展。目前，由于我国经济的发展，居民收入也飞速提升，城镇居民物质、文化生活水平大幅提升，城镇居民摆脱了单纯的以生存为主的生活理念，对体育的认识以及体育服务的需求不断扩大，群众体育得以广泛开展。

4. 职业竞技体育市场的逐步开发

现阶段，竞技体育的娱乐、休闲模式得到了广大人民群众的喜爱。伴随着体育产业的不断改革，体育市场主客体的产生，体育健身、竞赛表演、体育无形资产、体育用品等体育市场应运而生，其中与竞技体育有着密切发展关系的体育竞赛表演市场已具备了一定量的粉丝群体，竞技体育中所蕴含的巨大市场正逐渐被挖掘。许多体育项目的高水平运动队，也逐渐通过市场的开发体现出自身所具有的独特价值，从而得到政府之外的投资者投资，以此缓解了资金短缺的矛盾。职业竞技体育市场的不断开发亦将进一步巩固和推动职业俱乐部管理主体的发展。

### （二）科学化

随着 21 世纪社会科技的不断发展，运动成绩中的科技化比重增加，且成了竞技体育成绩中的新亮点，新技术、新方法、新理念的诞生使高校凸显出了自身所具有的优势。高校是集知识、智慧、科技于一体的地方，这些因素为解决高校竞技体育发展中所遇到的问题，如管理、选材系统训练、伤病防治、技术诊断、营养恢复等提供了重要的科学保证。

高校拥有优秀知识资源，所诞生出的新理念、新思路为高校竞技体育的超前发展提供了空间。高校所拥有的浓厚的师资力量，是我国的教练资源所不能比拟的。因为高校之中的师资既有退役后进入高校任职的实力派教练，也有高等体育院校毕业的科班高才生，还有从事多年高校及竞技体育研究的专家学者，这些师资力量无疑为运动员的发展提供了全面的配置，使运动员脱离了最初的师傅带弟子、弟子带弟子的训练模式，使以培养高水平运动人才为主的竞技体育达到一个崭新的高度。

1. 发挥高校多学科和高科技优势，占领竞技体育科技高峰

21 世纪竞技体育的快速发展不仅只表现在运动水平的提高上，还表现在对运动员运动寿命、连续参赛能力以及运动生涯结束后的就业问题的重视上，因为竞技体育已经不仅仅是单纯的一项个人行为，而是成为与社会、文化和教育相关联的一个领域。在这种竞技体育的发展趋势下，传统的以教练员的个人能力与单项学科知识为特征的训练模式已不适应现阶段运动训练的需要，因为这种训练既难到达竞技能力的顶峰，又会在训练中受到运动损伤、过度训练等负面影响。

"科学训练"是一个运用科学的理论、技术和手段对运动训练进行指导的过程。它的实现不仅仅是科学与体育训练之间简单的结合，而是一个系统和复杂的过程。对传统训练进行科学化的改造，使训练脱离长期以主观经验为主的模式，这不仅涉及训练过程本身，且与若干对训练构成重要影响的多学科理论知识有关。

高校是一个集国家科技力量于一体的地方，将科技的力量与高校之间紧密联系，充分利用高校的学科与高科技优势，已成为世界各国促进各行业发展的一个趋势。在这种趋势之下，竞技体育发展中运动训练科学化水平的提高，必须依赖于高校，尤其是综合性高校的科技力量。

以英国自行车队的崛起为例，其优势与科学化的训练分不开，并且和高校主导下的科技创新紧密联系。英国自行车运动水平飞速提升主要是和科学训练与高科技的装备有关，这得益于英国大学中专业人员的参与。在世界竞技体育激烈竞争以及多学科、高科技发展的今日，纯粹靠着本专业以及本系统的知识与力量已经难以维系体育科学研究自身的可持续发展。

因此科学化发展应该是我国高校竞技体育未来发展的主要方向，我国的高校，尤其是非体育专业的高校，更应该为我国高校竞技运动水平的提升提供动力。

2. 发挥高校的教育优势，培养素质全面的竞技体育人才

高校在竞技体育人才的文化教育方面占据着资源优势，并能够发挥出重要的作用。运动训练实践证明了教练员才是运动训练的主导者，是驾驭复杂训练过程以及决定训练效果的关键因素。人们将教练员比喻为训练的"门槛"，因为教练员们决定着所有和训练有关内容的筛选和应用，先进、落后、科学和不科学的知识与方法都需要通过教练员的选择才可以进行。所以说教练员自身的理论水平与实践经验是训练成功的关键所在，一个国家的教练员所具有的知识结构以及能力基本上可以决定这个国家整体竞技运动训练的发展水平。

以美国游泳项目为例，美国的游泳项目之所以常年位居奥运会游泳金牌数榜首，不仅是因为他们有部分的天才选手，更是因为美国的训练科学化水平一直位于世界的顶端。美国拥有一位里程碑式的教练员——詹姆斯·康希尔曼（James Counsilman），这位教练培养出众多世界级优秀选手。康希尔曼在当时属于为数不多的拥有博士学位的教练员，他在理论层次上受到了汉斯·塞利（Hans Selye）适应理论的启发与影响，将运动员竞技能力的增长视为机体对训练刺激长期适应的过程，十分注重运动训练的规划以及安排，将运动员的全年训练划分为准备前期、准备期、大运动量训练期和赛前训练期4个时期。他不仅是世界上最先注重训练负荷长期安排与竞技状态短期调控的学者之一，还是率先将心率、心电图和血红蛋白等生理生化指标运用于游泳训练，并对其训练过程进行监控的教练员。这说明美国的游泳项目之所以能够经久不衰，主要原因是具有强大的科学训练理论和这些理论与实践兼备的优秀教练员的支撑。

生物学和教育学是训练理论中的两个重要的基础知识，它们不仅分别从自然科学和社会科学两个方面来对训练理论进行支撑，还是制定训练目标和任务、选择训练方法和手段以及控制训练过程和检验训练效果的重要依据。教练员生物学基础的欠缺会导致训练理论科技知识含量的降低，训练与基础学科之间紧密联系的分离，以及理论指导实践作用的削弱；而教育学基础的不足则会影响到运动知识与技能的传授，以及教练员的执教效果，并且阻碍运动员自身

对于技能的主动学习与掌握，降低训练的实际效果。

运动员的运动水平要想进一步提升，不仅要依靠教练员的科学化训练，还需要运动员自身的参与，运动员的文化水平、知识储备、逻辑思维等都会对其运动成绩的提升产生影响和作用。由此可以得知，青少年训练时期要注重他们的文化素养，这是决定运动员今后是否可以成为世界顶尖运动员的重要因素。

对此，我国的高校应该充分发挥出自身所独有的教育资源优势，积极地参与我国教练员的培养工作，在师资、课程设计和教材等方面进行专门的建设，为国家培养出既有扎实理论又有出色执教能力的优秀教练员。我国高校应该慢慢提升高水平运动员入学时的文化课标准以及入学后的文化学习要求等，以此来带动整个竞技体育系统中的运动员文化教育的开展，为我国运动员的文化知识水平的提升做出贡献。

在现在的形势之下，我国的体育与教育之间应形成优势互补，这样才能提升我国高校竞技运动训练的科学化水平以及教练员与运动员的竞争力，为我国竞技体育的可持续发展提供有效资源。

### （三）国际化

体育国际化发展的组成部分中包括高校的高水平运动队伍的国际化，因为高校的高水平运动队员的主体是学生。遵循我国高等教育的育人目标，结合我国高校竞技体育发展的实际情况，在我国高校竞技体育发展的基础上，参考国外的先进知识，并以体育文化的交流为平台，以国际的赛事为媒介，以培育复合型人才为最终目标，来实现我国高校高水平运动队伍在管理、教育、比赛、人才培养和其他活动等方面到达国际先进水平的一种发展理念与模式。

国际化是一个逐渐积累达到的水平，并不是刻意去寻求国际化。依据创新原则，高校中的高水平运动队创造了优秀的体育成绩，并且管理观念也更加科学、系统，人才培养与对外交流也取得了不错的成绩。

1. 运动成绩

我国在高校中建设高水平运动队的目的，是培养全面发展的优秀体育人才，为其设定的目标则是完成国际性竞技比赛以及国内重大竞技比赛的任务。高校高水平运动队的建设更是为我国竞技体育的发展培养了大量的优秀运动员，也让我国参加世界大学生运动会的参赛选手从专业运动员逐渐向学生运动员转变。从第 26 届世界大学生运动会起，我国的参赛选手已经全部是在校大学生，并且获得了优秀的体育成绩。

2. 科学管理

高校竞技体育的发展离不开科学的系统管理，掌握管理的重要内容更是重中之重。体育管理的重点就是要明确其目的，把控全局、有层次地进行。例如，天津工业大学根据这一原则开展体育工作，逐渐形成"教研训相长、学能绩并进"的管理理念。

3. 人才培养

运动员"一条龙"培养模式，是指高中、大学、研究生之间的培养体系，仍以天津市为例，其将教练精心选拔出的预备人才安排到天津市第二中学、耀华中学等学校进行系统的文化课学习以及科学的专项训练，最后通过参加高考进入天津工业大学。进入大学后，就读于经济学院国际贸易专业，并辅以运动心理学、体育管理学等两项学位课程的学习。对于思想积极进步、成绩优异、有发展潜质的运动员，推荐免试攻读硕士研究生。其实质是以专业知识和文化素养为基础，实现运动员通过训练获得优异运动成绩和综合能力培养并举。天津工业大学自主培养输送到国家健美操队的运动员中推荐免试的研究生黄晋萱和天津（天津工业大学）男子排球队就是这一模式的典型例子。

天津工业大学"体教结合"培育人才的模式这些年一直走在全国前列。天津工业大学的体育特长生都是学校自行培养的，每一个属于天津工业大学的体育生都必须和其他普通大学生一样在校学习、生活和训练。对于在校运动员，天津工业大学也采取体育局与学校相结合的培养方式。如该学校的男子排球队就是在天津市体育局的帮助下成立的，学校为球队提供优秀的训练场地，体育局则派出更为专业的教练员等对球员进行训练，真正实现了体育资源与教育资源的结合。这支排球队在这样的培养模式下多次在各种大型比赛中取得了不俗的成绩。

4. 以赛事为媒介的交流

以龙舟、健美操、篮球、毽球等赛事为媒介，与其他国家的大学等签订友好合作协议，促进双方在体育、科研、科技信息、图书资料等方面的交流，以及包括运动队、教练员、教师、管理者和访问学者等的互访计划，并联合研究有关运动科学、运动工程等领域的科研课题。

应变能力、学习能力和交流能力对提高和保持竞技水平和竞技能力非常重要，因而参加国际赛事本身可以使队伍在积累大赛经验的同时保持和提高自身的竞争力，并通过赛事了解项目的发展趋势等；另外，与国外高校之间通过赛事进行的交流过程，可拓展教练员、运动员体育学术方面的视野，并吸取对方科技、文化优势以及增进友谊等。

高校高水平运动队国际化的内涵是在我国高校竞技体育发展基础上，借鉴国外先进模式，以体育文化交流为平台，以国际赛事为媒介，以培育复合型人才为根本目标，实现我国高校高水平运动队在管理、教育、比赛、人才培养和其他活动等方面达到国际先进水平的一种发展理念与模式。在高校高水平运动队国际化创新实践的进程中，高水平运动队国际化的定位是目标制定的依据，是体育经济发展、文化交流、社会交往、人才培养等诸多方面的现实需要；通过确定建设原则、设计实施方案框架、创新实践活动、科学的培养模式为国家队输送运动员。学生运动员的学业成绩和运动成绩、综合能力的提升和较好的就业前景证明了高校高水平运动队国际化的创新实践具备了可行性与可操作性，有助于高校高水平运动队建设、人才培养、训练竞赛、文化交流等方面向更高层次有效发展。

## 二、高校竞技体育的人才选拔

### （一）高校竞技体育人才选拔机制

在我国，由于中学竞技体育不能充分发展，使得在此基础上发展的高校高水平竞技体育也不能得到很好的发展。高水平竞技体育人才的选拔模式的操作和运行方式要与我国竞技体育发展的基本国情相适应。我国竞技体育的发展正在由一元向多元化发展，在这样一个大环境下，以及不同学校传统体育和条件千差万别的情况下，我国高校高水平运动队的来源具有了多样性的特点。目前主要有以下几个途径：

第一，来源于专业体校和运动队的退役运动员。专业运动员主要分为现役的和退役的，在我国高校刚开展竞技体育的时候，高校通过招收大量退役的专业运动员来快速提高本校的竞技体育水平。

第二，来源于专业队的现役运动员。这类运动员是专业运动员，他们的生活重心主要是运动训练，所以文化课程的学习较差。他们的身份具有双重性，既是专业运动员也是学生，所以可以代表省市专业队和所在高校参加国内外的各种竞赛。

第三，来源于中学的体育特长生，这部分学生大部分是高中校园内体育运动队成员或者是在高中参加体育训练的学生。这些学生的文化课程都经过了系统的学习，与专业运动员比文化水平更高，但是由于学习任务较重，训练实践不充分，也没有教练员进行系统的训练，所以他们的运动水平一般都不会太高。

由于国家竞技体育的高水平运动队成员需要不断地从中小学中选拔相当数量的潜力运动员来扩充自己的后备力量，这使得高校所能选择的生源更加受限，因此对于大学来说，招收高水平运动员还是存在许多困难的。在今后的一段时期，尽管各级专业队与大学竞技体育之间还会有生源之争，新举国体制对竞技体育人才的培养作用也很明显，但是清华大学培养出的高水平田径运动员就是高校竞技体育人才培养的优秀案例，这将会是以后我国高校竞技体育人才培养的方向。高校作为我国教育的最顶层，具有最好的综合条件，是最适合培养竞技体育人才的基地，应当为他们提供良好的训练场地和竞赛保障制度。

### （二）高校竞技体育人才选拔后的培养机制

1. 办队机制

我国高校竞技体育人才培养的模式主要是通过高校组建高水平运动队进行管理实施的，且主要以高校与外界共同办队以及高校自己组建办队的方式建队。

高校与外界共同办队就是指高校联合体工队或企业等单位共同组建高水平运动队，以达到高水平竞技人才既可以代表所在学校参加比赛，也可以代表所在省市或单位参加比赛的目的，这与人才选拔机制中高校直接招收现役专业运动员的本质是一样的，但是通常联合组建高水平运动队是将队伍挂靠在高校学习、在体工队或企业组织训练等。

这种联合组建运动队的模式，专业队为的是挂靠"体教结合"的培养模式，高校是为了参与高水平大学生比赛和专业的体育竞赛，通过获取成绩来提升学校知名度。而专业队则是为了帮助运动员获得大学生的学籍，解决运动员退役后的学历和就业问题。这种联合模式，只是肤浅的各取所需的结合，背离了高校竞技体育人才"体教结合"培养模式的初衷，不利于教练员在训练实践中积累经验，不利于高校竞技体育人才培养的可持续发展。

企业赞助联合建设高水平运动队的模式，其实就是高校通过企业获取赞助资金，来维持运动队日常训练竞赛的花销。而企业一般不直接参与运动队的日常管理和决策。他们希望运动队能够获得优异成绩来为企业树立正面积极的形象，产生广告效应，来帮助企业达到营销目的。

高校自主建队模式就是指高校独自筹建高水平运动队，自己招收高水平竞技体育人才，自我培养和自我管理来发展的传统办队模式。这种模式主要是通过招收体育特长生来实现的，生源主要来自高水平的专业队运动员、业余体校运动员以及成绩较好的中学生等。

2. 训练竞赛机制

国内很少有规模较大的高校体育竞技比赛，目前国内的高校体育竞技比赛只有各省市的大学生体育运动会、中国大学生体育协会举办的单项竞赛和全国大学生运动会。有学者提出可以将各高校高水平运动队的比赛级别纳入国家系统，让其直接将专业队作为竞争对手。虽然这种设想的出发点是好的，但是实际实施起来比较困难。由此可见，要解决高校竞技体育人才培养的问题，就需要首先解决其竞赛体制的问题，建立一个完善的、水平较高的、能够经常举办赛事的以及保障参赛数量的竞赛体系。

3. 激励机制

合理利用高校竞技体育人才培养的激励机制，才能够更好地激发竞技体育人才的积极性和创造性，激励他们形成符合社会运行目标的价值观念和行为规范。虽然我国的体育制度和竞技体育的总目标没有发生根本性的变化，但是高校竞技体育人才的培养方向仍然是以为国家培养与输送优秀竞技体育人才为主。高校竞技体育主体的特点在于拥有更加丰富的行为方式、更加复杂的价值观念，所以在激励机制的应用方面也要更灵活一点。在激励手段等方面，竞技体育人才培养手段从重视精神激励到重视物质激励的转变也使其手段的种类变得非常丰富，不同的学校对于激励手段的采用也各不相同。在激励过程等方面，高校用与社会经济发展相一致的价值观念和行为方式来引导和培养竞技体育人才，充分发挥了市场选择的作用。

关于激励的标准应该从各个方面进行综合考虑，既要有评判绩效的功能，又要具备导向作用。所以在制定激励标准的时候，一定要综合全面地考虑，一定要以社会运行和体育运行的总目标为准。应该改变以往仅仅依靠竞技能力高低和取得的成绩作为评判标准的方法，将评判标准量化，使其能够囊括运动员的综合素质，并使用物质激励和精神激励来激发各个高校竞技体育人才对于训练和比赛的热情。

4. 保障机制

为了改善运动员文化素质低，退役后就业生存困难的现状，高校应该为运动员制定专门的课程体系和特殊的学制标准，保证学生运动员在提高竞技体育能力的同时，文化课也能够跟上进度，使其成为具有综合素质的运动员。另外，学校应该组织专家针对运动员的学训矛盾制定专门的对策，形成一套专属于运动员的学习训练体系，避免普通学习体制的影响，来保证学生运动员的学习效果，向高校高水平运动员做好过渡准备。

高校教练员应该从兼职形式向专职化转变，保证其能够专心于训练和竞赛工作。另外，学校还需要聘请专业的教练员，提高学校教练员执教水平，建立经验和理论都更加成熟的教练员队伍。一个好的教练员团队是提高运动员综合素质的前提，好的教练员团队有利于加快高校高水平运动员梯队的建设步伐。教育部及省市教育局应该从整体的角度出发，建立管理机构，形成一套学生运动员的输送机制。高校应该加强与中小学的衔接工作，加速构建高水平运动队后备人才基地，保证高校优秀运动员的可持续来源。高校与中小学做好衔接后，要提早发现选拔具有运动天赋的学生，保证他们文化知识的学习情况，为进入高水平运动队做好铺垫，这有利于培养具有综合素质的体育人才，建立物质支持体系。物质支持体系包含的方面比较广泛，包括科研、后勤、医疗、体育设施等，以及与训练相配套的科研人员、科研器材、运动恢复的相关设施。物质条件优渥的学校在组建各种功能性试验室时应当以科学训练作为研究的基石。以康复和保健实验室为例，要实现对训练和竞赛过程中的监督控制，利用现代化方法来进行高校竞技体育的训练和竞赛。在后勤和体育设施方面，要给予足够的重视，加大经费的投入，完善学校竞技体育的管理体制，这样才能保障高校竞技体育人才的培养。

# 第三节　高校竞技体育发展的内外部环境

## 一、高校竞技体育发展的内部环境

### （一）高校校长对竞技体育的重视

近年来，随着我国高等教育的改革，包括教育理念、教育体制、教育目标等多方面改革的推进，以及学校体育观念、学校体育管理的改变和学校体育功能的扩大。人们对学校体育在学校中的重要地位和重要意义有了新的认识，不仅认为学校体育是学校教育的重要组成部分，而且认为它是学校精神、学校文化的重要力量，而且它还是提升学校知名度、提高学校竞争力的有效手段。在这种认识基础上，涌现了一大批重视学校体育包括学校竞技体育的校长和领导。

校长是学校的决策者，对学校的发展具有导向作用，对学校的教育行为具有重要的影响作用。所以高校校长的体育思想、体育观念对高校体育教育的开展有着直接的影响，如果一所高校的校长热爱体育、了解体育、重视体育，那么这所高校的体育教育也必定开展较好，高校竞技体育随之也开展较好。

校长重视竞技体育的局面为高校发展竞技体育扫清了认识上的障碍，为竞技体育在高校的开展获得了坚实的后盾，因为校长对竞技体育重视程度的增加，首先是把竞技体育列入高校发展的议事日程之中，排在重要发展的位置；

其次在经费投入上会加大力度，在学校内部政策上会给予优惠，管理上会提供方便。这种情况就为高校发展竞技体育创设了良好的内部环境。

### （二）高校体育场馆建设更加完善

发展高校竞技体育没有相当数量的体育场馆是不可行的，没有良好的体育场地、设施会使高校竞技体育的运动训练在质与量上没有保证。现代训练实践表明，运动训练过程越来越依靠先进的训练设施、完善的设备，以及现代化、专门化的训练手段。拥有科学先进的训练设施和场馆才可能有高水平的训练效果，才能确保运动成绩的优异。因此，高校开展竞技体育首要考虑的条件是高校能否提供竞技体育所需的体育场馆设施。这也是高校发展竞技体育内部环境的一个重要方面。

由于改革开放以来，国家、人民对教育重视程度的提高和投入力度的加大，许多大学自己兴建了一批现代化的体育场馆，另外还借承办各种国内和国外体育赛事的机遇促成新建了一批具有一流设备的体育场馆。从目前高校的体育场馆设施来看，发展竞技体育的硬件设备已基本完备。

### （三）多数高校形成了稳定的体育传统

传统主要指历史流传下来的思想、道德、风俗、心理、文学、艺术、制度等文化现象。也可以解释为某一地区或民族由其历史延续积淀下来的具有一定特色的文化概念、思维方式、伦理道德、情感方式、心理特征以及风俗习惯等的总和。传统作为人们在过去生活经验中积存下来的观念、习俗、习惯等等，它作为一种先人之见对人的行为产生着潜移默化的影响。

高校体育传统，是指一所高校在体育活动方面养成并流行的带有普遍性、重复出现和相对稳定的一种集体行为风尚，它是师生员工共同创建的一种校园文化，是校风的有机组成部分。不同的体育传统决定了人们在进行体育锻炼或观赏体育竞赛时，选择的项目、地点、同伴、时间也不同。

对于一所高校来说，形成一定的体育传统，对高校体育的开展，特别是高校竞技体育的发展有着非常重要的作用。因为竞技体育的发展首先要有领导的支持；其次要有愿意接受竞技体育训练的学生；最后要有喜爱竞技体育的体育观众。在这三者之间高校体育传统起着一个主线的作用，把三者给串联起来，形成一个合力共同促进高校竞技体育的发展。具体来讲，当一所高校形成体育传统后，这种学校精神力量会影响高校的领导来重视高校体育，同时这种学校体育传统的活动会吸引更多的学生参与到体育的运动和比赛中来，会形成良好的高校体育群众基础，且体育精神、体育文化会渗透到师生的日常教学和生活方式中，有助于提升人的综合素质；另外这种经常性的体育传统活动又会给大多数的师生员工带来体育观赏的乐趣，这样就有了发展高校竞技体育所需的学生运动员和支持高校竞技体育的观众。因此说，高校体育传统的形成给高校竞技体育的发展提供了非常好的内部环境。

## 二、高校竞技体育发展的外部环境

### （一）我国体育事业的发展为高校竞技体育创设了良好的社会氛围

改革开放以来，我国的体育事业取得了显著的成绩，竞技体育在奥运会上的成绩已处于世界第二集团的前列；社会体育搞得红红火火，全身健身运动深入人心，国民体质得到增强；学校体育改革取得丰硕成果。总体来看，我国体育事业朝着健康、快速的方向发展，而目前体育事业所取得的这种成绩和营造的氛围，恰好为大学开展竞技体育创设了良好的发展环境和空间。

1993年以来我国的体育改革，由于改革方向正确，措施得力，方法得当，使得我国体育改革取得了前所未有的好成绩，特别是我国获得了2008年夏季奥运会的举办权，这是以往体育改革成就的有力证明，同时又为以后我国各项体育事业的发展起到巨大的推动作用。那么，1993年来我国体育改革的经验是什么呢？首先要方向正确，即要建立与社会主义市场经济体制相适应的、符合现代体育发展规律的新型体育体制与运行机制，改革的重点放在体制与机制的改革。其次要方法得当，我国在实现体育改革的目标上采取了三条操作路径：一为社会化，即要使体育成为社会交往中的一种形式，让全社会来办体育。与此相应的，是体育组织形式从行政型向社会型转变。二是产业化，即体育不应该只是一种福利，也要成为一种产业，要以体为本，大力发展体育产业，体育部门的一些场馆、设施、活动都要从事业型向经营型转变。三是法制化，即体育工作要实现依法行政、以法治体，实现我国体育由"人治"向"法治"的转变。

回顾20多年来我国体育改革所取得的成绩和创造的体育环境，为高校开展竞技体育奠定了深厚的基础。在体育改革中获取的经验和教训，为高校开展竞技体育少走弯路，加速发展创造了良好的条件与社会氛围。

### （二）高等教育的改革为高校竞技体育的发展提供了肥沃土壤

1. 高校自主办学力度加大，为其自主发展竞技体育奠定了基础

高校自主办学方面的改革实际上是属于高等教育办学体制改革的范畴，办

学体制改革涉及划分管理者和办学者的权力，就是转变政府职能，扩大高等学校办学自主权。长期以来，我国的学校不是面向社会办学，而是按政府的指令办学，大大削弱了学校教育与社会需求之间的联系。所以，关于扩大高等学校办学自主权问题，一直是我国高等教育体制改革的核心问题，近年来在扩大高校办学自主权上取得了突破性进展。

扩大高等学校办学自主权，可为高等学校深化改革创造必要的条件。高等学校拥有了办学自主权，实质上就是拥有了自己的生存权和发展权，为了自己的生存和发展，高等学校必须自动调节、主动与社会保持广泛的联系，设法满足社会的需要，争取支持。总体来看，高校自主办学权力的扩大，给高校面向社会需要，依法办学提供了更为灵活的自主权。对那些社会有需要、学校有能力、国家有允许的专业、学科和教育行为，高校可做出自己的选择进行自主办学。这样对高校发展竞技体育就提供了广阔的空间，创造了较好的发展环境。有条件的高校就可以根据自己的情况和社会的需要来开展和发展竞技体育。高校就可根据本校的实际情况，自主地建立竞技体育的目标机制、激励机制和约束机制，自主地确定招生规模、自主地确立招生方法、自主灵活地制定学生运动员的学籍管理制度、自主地参加国内外大学体育比赛、自主地与社会各界确立竞技体育合作伙伴等等。从而有力地调动学校的竞技体育资源，增强学校主动适应国家体育和社会发展的能力，促进大学竞技体育质量的提高。

2. 高等教育管理体制的改革，增强了高校竞技体育管理的灵活性

高等教育管理体制的改革主要是改变过去那种计划经济体制下带来的弊端，如：政府对学校统得过多，管得过死，学校缺乏面向社会自主办学的活力；条块分割的格局，妨碍国家宏观管理的效度，不利于国家高等教育资源的合理配置和整体效益的提高；教育主管部门主要采取行政手段直接干预的办法管理，手段单一，主观随意性大，科学管理不够等。

当今的高等教育管理体制改革与以往相比，更为深入和全面。主要表现在：第一，加强了高教管理体制改革的统一领导和整体规划，使改革的目标有计划、有组织、有步骤地实现。第二，注重将高教管理体制改革与布局结构高速紧密结合起来，努力构建能够培养适应 21 世纪要求的高素质人才的高等教育结构体系。第三，加强了省级政府在改革中的统筹力度，经省级政府统筹为主成了这一阶段高教管理体制改革的一条重要原则。

总体来说，改革开放以来高等教育管理体制的改革的方向是学校的办学活力在不断加大，国家统筹规划、宏观管理，学校面向社会依法办学的局面正在逐步形成。这种管理体制的变化会给高校以灵活的政策，给高校以更大的自主权，同时也给高校发展竞技体育带来了政策、管理上的灵活性和自主性，使高

校竞技体育的发展与适应当地经济发展、服务当地社会需求、促进当地竞技体育发展能更好地相结合。这也是人们认为高教管理体制改革为高校发展竞技体育提供宽松环境的主要原因。

3. 高等教育举办体制和投资体制改革促进了高校竞技体育的发展

我国高等教育的举办体制和投资体制是相适应的，而且举办体制又影响着我国高等教育的投资体制，因为在高等教育上先有举办后有投资，先确定谁来办，后才能确定谁来投资。我国高等学校举办体制改革的目标是逐步形成以中央、省（自治区、直辖市）两级政府举办为主、社会各界参与举办的新格局。高等学校举办体制改革主要是解决在举办高等学校上的政府与社会力量的关系以及政府之间的关系，前者主要是改变单一由政府包揽办学格局，实现举办主体多元化；后者主要是通过举办主体的变更，从举办上消除"条块分割"。从举办体制改革的方向来看，国家是想吸引更多的社会力量来投资高等教育，吸收社会广泛力量、资金来搞教育。

改革开放以来，我国教育经费投资体制虽然形成多元化的投资渠道，学校可以依法吸收社会上的资金来弥补各高校办学上的经费紧张问题，但总体上看来，除国家拨款占较大比例外，其他途径筹资兴教还不太成熟，占的比例也不大。目前，我国高校开始尝试通过接受捐赠来增加办学经费，但大多只是在校友回校参加校庆时接受其捐赠，没有完善的筹款计划，效果并不理想。捐赠者还包括社会团体和各种基金会等，接受捐赠有现金、实物等形式和每年的例行捐赠及一次性捐赠两种方式。捐赠收入是一条可观并有发展空间的高校经费筹措渠道。而从国外的经验来看，如果高校竞技体育开展得较好，能为各高校在捐赠和集资方面吸引更多的资金，从而可以缓解各高校教育经费紧张的问题。所以说当前高等教育举办和投资体制的改革需要高校发展竞技体育，需要竞技体育为高校创造更多的经济利益；从另一方面来看，则认为高等教育举办和投资体制的改革促进了高校竞技体育的发展。

# 第四节　高校竞技体育运动的训练实践

## 一、耐力型竞技体育运动——游泳

### （一）蛙泳训练

蛙泳是模拟青蛙游泳的一种姿势，是最古老也是实用性最强的一种泳式。它的特点是动作较缓慢、省力，呼吸方便，易于观察方向并能充分利用水的浮力使人体长时间漂游。蛙泳是竞技游泳项目之一。动作要领为：身体俯卧水中，两臂伸直向两侧分开，向后屈臂加速划水，接着使两手在胸前会合向前伸出；两腿由两侧向后呈半弧形加速蹬，而后伸直、并拢、回收。一般采用蹬腿1次、划臂1次、呼吸1次的配合方法。

1. 腿部动作练习

（1）收腿

边收边分慢收腿。大腿带动小腿屈膝前收。收腿结束时，两膝接近髋下，约与肩同宽。

（2）翻脚

翻脚时膝关节稍内扣，勾脚尖，膝关节和踝关节向外转动，使脚内侧和小腿内侧向后对准蹬水方向。

（3）蹬夹腿

大腿用力向后做弧形蹬夹腿。蹬夹动作不要分开。

（4）仰坐

模仿腿的动作，按收腿、翻脚、蹬夹腿的要领练习。练习时上体要保持不动。

（5）水中腿

收腿要慢，蹬夹腿要快而有力，两腿并拢后向前滑行（也可扶池壁、游泳板进行练习）。

（6）滑行蹬腿

低头伸臂平卧水中，细心体会蹬腿要领。

2. 臂和呼吸的练习

（1）划臂

两臂伸直，向斜后方边划边屈臂。当臂划至肩的侧下方时，收手夹肘伸向前。

（2）臂和呼吸配合

①抬头划臂张嘴吸：先抬头，两臂同时向斜后方划水时吸气。抬头不要太高、太猛。

②用力划臂吸足气：提肘屈臂向后加速划水时，迅速吸气。

③收手夹肘闭住气：臂划至肩的侧下方时收手夹肘将手收至颌下，脸逐渐浸入水中闭气。

④两臂前伸慢呼气：臂前伸时，两手自然并拢，掌心转向下方并呼气。

（3）臂腿配合

为了掌握臂腿动作要领，可先做闭气、划臂、蹬腿的配合练习，熟练后逐渐增加划臂、蹬腿数次，呼吸一次，然后到完整配合。

3. 连贯动作的练习

（1）开始划臂腿不动（准备吸气）

两手分开向斜后方划水，两腿自然伸直，准备收拢，开始抬头。

（2）用力划臂腿前收（吸气）

臂划至肩下时，两腿自然分开，屈膝前收，抬头吸气。

（3）收手夹肘收好腿（闭气）

臂划至肩的侧下方时，收手夹肘将手收至颌下，同时完成收腿动作。头逐渐浸入水中闭气。

（4）伸臂翻脚再蹬腿（呼气）

两臂前伸同时向外翻脚，立即用力向后做弧形夹水。

（5）身体向前滑一会儿（呼气）

蹬腿结束后，臂腿收拢，脸浸入水中，向前滑行，然后重复下一个连贯动作。

## （二）爬泳训练

爬泳是竞技游泳中速度最快的一种游式。游时身体平伏于水面，通过两臂轮流由前向后划水与两臂举出水面前伸的动作重复交替；两腿伸直交替上下打水，来推动身体前进。头部朝侧面转动吸气。腿、臂、呼吸动作多采用6：2：1的配合方式。因其动作很像爬行，所以称为爬泳。因在自由泳项目比赛中多采用它，也被称为自由泳。爬泳在防洪抢险、横渡急流、抢救溺水者时能发挥积极作用。

1. 腿部动作练习

（1）扶池槽打水

大腿带动小腿交替向后下方打水，向上提时放松，向下打水要用力，可结合呼吸练习。

（2）滑行打水

向上提腿时膝关节稍屈，向下打水时脚面绷直，脚尖稍向内转，打水幅度为30~40cm。

2. 臂和呼吸的练习

（1）划臂呼气

以左臂为例，左臂在肩前插入水后，逐渐屈臂向后划水，同时呼气。划臂不要超过身体中线。

（2）推水吸气

左臂向后推水时转头吸气，提肘出水时同时完成吸气动作。抬头不要太高太猛。

（3）移臂闭气

左臂从体侧向前移臂时，头逐渐转入水中闭气。

（4）单臂划水练习

两腿连续打水，一臂前伸一臂划。两臂交替进行，逐渐过渡到连贯动作。

3. 连贯动作的练习

（1）右臂下滑要伸肩，左臂推至大腿边（呼气）

伸肩：右臂下滑时，尽量向前下方拉开肩带肌肉，掌心向下。

（2）右臂肩前抱好水，左臂提肘出水面（呼气）

抱水：右臂向外提肘屈臂，使手掌和小臂向后抱水。

（3）右臂肩下屈臂划，左臂前伸插入水（呼气）

划水：右臂划至肩下时，大小臂屈成120°角左右，加速向前划水。

（4）右臂推至大腿边，左臂下滑要伸肩（转头吸气）

推水：右上臂靠近体侧，小臂用力向后推水。吸气要深、要快。

（5）右臂提肘出水面，左臂肩前抱好水（完成吸气）

出水：右臂利用推水速度的惯性，在腿侧提肘出水向前移臂，肌肉放松。

（6）右臂为伸插入水，在臂肩下屈臂划（闭气）

入水：右手自然合拢，肘高于手，在肩前部插入水。

## 二、技能型竞技体育运动——射击

射击是人类最早的生产活动之一，也是人类社会一种十分古老而重要的活动形式。从投掷石块狩猎，到使用弓箭，再到使用火药，生动地体现了"科技是第一生产力"的真理。回顾历史，射击曾被用于战争，也被用于和平；曾被用于镇压人民，也被用于人民革命。在当今和平与发展为世界主题的时期，射击运动则越来越成为世界人民喜闻乐见的体育项目。参加射击活动既能学习技术，又可锻炼身体，广大射击爱好者把射击运动作为有益于身心健康的娱乐活动。目前，除举行世界和洲际的射击锦标赛外，射击还是奥林匹克运动会、洲运动会以及其他重大国际比赛的重要竞技项目。

射击运动虽然早在 1896 年即被列入奥运会，但在中国还是一个年轻的体育运动项目。1951 年由团中央军事体育部组织在北京举行了群众性的军用步枪射击训练活动；1952 年我国中央国防体育俱乐部成立，把射击列为开展普及活动的项目之一；1955 年 10 月建成了我国第一个大型射击场地——北京射击场；1956 年第一次举办全国比赛；1981 年，中国女子飞碟项目运动员巫兰英，在阿根廷举行的飞碟、移动靶项目世界射击锦标赛上，以 184 中的成绩取得中国射击项目的第一个世界冠军。尤其值得提出的是，1984 年第 23 届奥运会上，我国运动员许海峰实现"零"的突破，改写了我国体育在奥运史上无金牌的历史。

### （一）举枪稳定性训练

举枪稳定是进行精确射击的基础。它是指射手举枪后，枪支准确地瞄向目标所停留的时间、枪支晃动范围的大小以及对缩小晃动范围过程的控制。

在步枪卧、立、跪 3 种射击姿势中，卧姿的稳定是在屏气的同时出现的，在稳定之前枪支是随着呼吸在目标上下做垂直运动，在 2~4 次呼吸之后，枪由下而上构成正确瞄准并屏气，这时枪支达到最佳稳定，在瞄区停留 2~3s 即完成击发。

立姿稳定性表现为枪支晃动范围、相对静止持续时间和晃动是否有规律。初级射手稳定能力很差，中、高级射手立姿稳定性比较高，但高级射手立姿的稳定性明显比卧、跪差，只有训练有素的运动员立姿枪的晃动范围可基本控制在 9 环以内，而且持续时间相对较长，利于保证击发质量，获得好成绩。但立姿枪的稳定性不是绝对的，枪在相对稳定时也是在微小的晃动（颤动）之中，射手应大胆利用这种稳定状态完成击发。

跪姿的稳定性，一般中、高级射手枪支只在瞄区内微微颤动，或者有规律地小晃动。随着训练水平的提高，稳定性也逐渐增强，少数优秀射手跪姿可以接近和达到卧姿的稳定水平。

### （二）姿势动作一致性训练

射击动作的一致性，是指射手从一次击发到另一次击发，在多次重复操练中能保持整体结合状态基本不变的能力。

卧姿：保持枪带拉力一致；肩部放松动作一致；左手托枪位置和力量一致；枪面一致等。

立姿：左肘抵胯位置一致；塌腰动作一致；抵肩一致。

跪姿：左肘与左膝的结合、上体前倾度一致；抵肩动作一致。

### （三）姿势动作持久性训练

持久性是射手承受静力负荷而又保证质量的耐久能力。

持久性训练，应遵循循序渐进、逐步加大负荷的原则，与稳定性、一致性训练相结合，通过训练课的总时间、运动员举枪次数、负荷强度来体现。

### （四）稳、瞄、扣配合训练

举枪稳定的状况与瞄准、扣扳机紧密配合才能产生训练效果。要实现稳、瞄、扣三者协调配合，应做好以下几点：

（1）练稳：良好的枪支稳定性是瞄、扣配合的基础。枪支在瞄区内呈有规律地缓慢晃动且晃动范围小。

（2）预压扳机训练：食指单独用力、压实到位，是适时击发的重要准备。

（3）击发心情训练：保持击发过程心情坦然，不急不躁。

（4）瞄准训练：构成正确瞄准后适时扣响扳机。

3种姿势稳、瞄、扣配合的方法各有不同：卧姿宜采用"精瞄稳扣"的方法；立姿瞄准应是一个范围，而不是瞄一个点，宜采取利用稳定期扣扳机的方法；跪姿应采用"稳扣"与"在枪支微晃中保持住力量扣"相结合的方法。

稳、瞄、扣是一个有机配合的整体动作。三者的协调配合是射击项目中的关键技术，也是一个长期训练的过程，无论哪种层次的运动员都应确实做好。

## 三、表现型竞技体育运动——体操

竞技体操通常被人们简称为"体操"，它是一项徒手或在规定器械上完成各种技术动作，并根据动作的难度、编排及完成情况等给予评分的运动。竞技体操的基本技术包括技巧、单杠、双杠和支撑跳跃等。

## （一）技巧训练

**1. 前滚翻**

由蹲撑开始，两手向前撑垫，重心前移，两脚用力蹬地；同时，提臀、屈臂、低头，头的后部在两手支撑点前着垫，前滚，经颈、背、腰、臀依次触垫；当背部着垫时，屈膝团身，两手抱小腿，上体紧跟大腿前滚成蹲撑，起立。

**2. 鱼跃前滚翻**

由半蹲两臂后举姿势开始，重心前移，两脚用力蹬垫，两臂前摆，身体向前方跃起腾空；腾空后，两臂保持前伸，腿稍向后摆；两手撑垫，屈臂、含胸、低头，前滚（动作与前滚翻后半部分动作相似），团身抱膝成蹲撑，起立。

**3. 后滚翻**

由蹲撑开始，含胸，低头，两手推撑；团身后滚，同时屈臂，两手置于肩上，臀、腰、背、颈、头部依次着垫；当身体重心落于肩部时，两手用力推垫，向前翻转成蹲撑，起立。

**4. 肩肘倒立**

由直角坐撑开始，上体后滚，收腹举腿，两臂伸直于体侧压垫；当脚面举至头上方时，两臂屈肘，两手撑于腰背部，展髋，立腰，伸腿，绷脚，成肩肘倒立。

**5. 蹬摆成头手倒立**

由蹲撑开始，上体前倾，两手撑垫，与肩同宽；前额上部着垫，与两手成正三角形支撑；一脚蹬地，一腿后摆，当重心移至垂直面时，并腿，伸髋成头手倒立。

**6. 侧手翻（以右腿站立为例）**

由右脚站立、左腿侧举、两臂侧平举开始，左腿屈膝着垫，上体向左侧倾倒，左、右手依次撑垫；同时，右腿上摆，左腿蹬地后向上摆起，成分腿倒立姿势；右、左手依次顶肩推垫，两腿依次向左侧下摆着垫，两臂侧平举，成分腿站立。

**7. 跪跳起**

由跪立、两臂上举开始，臀部后坐，两臂后摆，含胸收腹，迅速向前上方摆臂；同时伸膝展髋，脚背及小腿用力压垫，身体向上腾起；摆动手臂体前制动，收腹提膝成蹲立姿势。

8. 俯平衡

由直立姿势开始，单腿慢起后举，上体前倾至水平位置；当后腿上举至最大限度时，抬头挺胸，两臂侧举，成单腿站立平衡姿势。

（二）单杠训练

1. 单脚蹬地翻身上成支撑（以右脚撑地为例）

由站立悬垂开始，两手正握单杠，与肩同宽；左腿向后、向下、向前上方摆起，屈臂引体倒肩，使腹部贴杠向后翻转；同时右腿迅速蹬地，与左腿并拢；当身体翻转至杠上时，翻腕、抬头、挺胸、伸髋成直臂支撑。

2. 支撑单腿摆越成骑撑及还原（以右腿为例）

由支撑开始，右臂用力推离单杠，重心左移，右腿经体侧向前摆越过杠；上体右移，右臂迅速撑杠，立腰、伸腿成骑撑。还原时，动作与前类似，不同是摆动腿经体侧向后摆越过杠，并腿成支撑。

3. 骑撑后倒挂膝上（以右腿骑撑为例）

由骑撑开始，左腿稍后摆，右腿屈膝挂杠；上体后倒，挂膝悬垂前摆，左腿伸直前摆至前上方制动；身体回摆，当髋部摆至杠下垂直部位时，左腿加速后摆，同时，两臂和右腿迅速压杠，上体抬起、扣腕、右腿前伸成骑撑。

4. 骑撑前回环（以右腿骑撑为例）

由两手反握骑撑开始，直臂顶肩撑杠，重心前移，右腿上举向前跨出，上体前倒，左大腿贴杠回环；当上体回环过杠下垂直位置时，右腿向前积极压杠：当回环至杠后水平位置时，直臂压杠，挺胸、抬头、翻腕、成骑撑。

5. 支撑后回环

由支撑开始，直臂顶肩撑杠，上体前倾，两腿后摆高于肩水平；身体下落腹部贴近杠时，屈髋、两腿前摆，直臂压杠，上体后倒，腹部贴杠回环；当两腿回环至杠后水平位置时，腿制动，伸髋、翻腕、挺胸、抬头成支撑。

6. 支撑后摆下

由支撑开始，肩稍前倾，两腿向前预摆，然后迅速用力后摆，直臂顶肩成腾身姿势撑杠；当后摆身体重心上升接近最高点时，含胸、两腿制动，同时直臂顶肩推杠，抬上体挺身跳下，两臂斜向上举，屈膝缓冲落地。

7. 骑撑单腿摆越转体90°下（以右腿骑撑为例）

由骑撑开始，右手距身体20~30 cm处反握撑杠，左臂推杠，上体右倾，重心右移至支撑手；左腿向侧上方摆越过杠，右腿向下压杠弹起，身体顺势向侧上方腾起；右臂直臂压杠，右腿向左腿并拢，同时向右转体90°挺身下。

### (三) 双杠训练

**1. 杠端跳上成分腿坐**

两手支撑杠，两脚用力蹬地，跳起后用双手支撑，两腿向前上方摆起，当两腿超过杠面时，迅速分腿，以腿后部触杠成直体分腿坐。

**2. 分腿坐前进**

由分腿坐开始，两手推杠，上体前移，伸髋压杠，两臂经侧举至体前30~40 cm处撑杠；同时，两腿伸直压杠弹起后摆，并腿进杠。

**3. 分腿坐前滚翻**

由分腿坐开始，两手在体前靠近大腿处撑杠，上体前倒，低头、屈臂、提臀；当肩触杠时，两肘外展，以肩或上臂撑杠，并腿前滚翻；当臀部前移过垂直位置时，两手迅速向前换握杠；当臀部接近杠面时，分腿压杠，直臂撑杠，抬上体成分腿坐。

**4. 支撑摆动**

由支撑开始，举腿前伸获得自然的摆动。前摆时，从后摆最高点直体自然下摆，当摆过垂直位置时，用力向前上方摆腿，带动髋部前送，直臂顶肩，低头、含胸、拉开肩角；后摆时，从前摆最高点直体自然下摆，展髋、远伸脚尖，当摆过垂直位置时，用力向后上方甩腿，直臂顶肩，含胸，拉开肩角。

**5. 分腿慢坐起肩倒立**

由分腿坐开始，两手于腿前撑杠，上体前倒，屈臂、提臀，两肩在手前顶杠，两肘外展；当臀部提至垂直部位时，伸髋、并腿成肩倒立。

**6. 支撑前摆下**

由支撑后摆最高点开始，直体自然下摆，当摆过垂直位置后，用力向前上方摆腿，当身体摆至最高点时，重心左移，向下展体伸髋，两手依次顶肩推杠，右手迅速换撑左杠，越杠挺身落下成外侧立。

**7. 支撑后摆下**

由支撑前摆最高点开始，直体自然下摆，当摆过垂直位置后，用力向后前上方甩腿，当身体摆至最高点时，重心左移，右手迅速换撑左杠，左手摆至侧上举，越杠挺身落下成外侧立。

### (四) 支撑跳跃训练

**1. 助跑起跳**

由助跑开始，踏上助跳板前最后几步积极蹬摆，上体自然抬起，两臂后引；助跑最后一步单脚起跳，腾空后双腿并拢，以前脚掌踏上助跳板，两腿积极缓冲，含胸紧腰，上体稍前倾，两腿用力蹬板，获得较大的腾起力量。

2. 跳上成蹲撑，挺身跳下（横箱）

由助跑起跳开始，两臂由后向下、向前摆，含胸、手撑器械，同时提腰、屈膝上提，前脚掌踏上器械成蹲撑；手推离器械，两臂上摆，同时两腿用力蹬离器械，身体向前上方腾起，挺身展体落地。

3. 跳上成跪撑，跪跳下

由助跑起跳开始，两臂由后向下、向前摆，含胸、手撑器械，同时紧腰、屈膝、跪撑于器械上；手推离器械，两臂由后向前上方摆起，同时屈髋、立腰、小腿下压器械，使身体向前上方腾起；空中经跪姿，挺身展体落地。

4. 跳上成分腿立撑，挺身跳下

由助跑起跳开始，两臂前摆，含胸、手撑器械；同时提腰、提臀、顶肩、双脚踏上器械成屈体分腿立撑；手推离器械，两臂向前上方摆起，两脚蹬离器械，使身体向前上方腾起，并腿挺身展体落地。

5. 分腿腾跃（不要求预先后摆）

由助跑起跳开始，两臂由后向下，再迅速前伸，含胸、手撑器械，同时提腰、分腿；手推离器械瞬间，身体腾起，以分腿姿势向前越过器械，两臂经体侧上摆，抬头挺身，并腿前伸落地。

6. 屈腿腾跃（不要求预先后摆）

由助跑起跳开始，两臂由后向下、向前伸，含胸、手撑器械，同时提腰、提臀、屈膝靠近胸部；用力向前下顶肩，快速推手，身体腾空成"蹲"的姿势，两臂上举，起肩、立腰、伸腿、展体落地。

# 第五章　高校体育舞蹈文化理论与实践

体育舞蹈是一项历史悠久的体育项目，建立在肢体语言基础之上，是对人们内心世界的反映。伴随着时代的发展，体育舞蹈在国内市场群众基础越来越庞大并在发展过程中，逐渐形成了体育舞蹈文化。

## 第一节　体育舞蹈文化的起源及其内涵

### 一、体育舞蹈文化的起源

体育舞蹈文化经由历史的演绎，名称一再深化改变以适应当今时代的快速发展。其原名"社交舞"，英文翻译为"Ballroom Dancing"，是当时在宫廷为欧洲贵族社交举办的舞会：法国革命后，宫廷社交舞在民间开始流传。在第二次世界大战后，社交舞经由美国广为散播流传到各地，并且形成了一股跳舞的热潮，经久不衰。"交际舞"一词最早出现是在 16 世纪，由神父吉安·塔博尔特（Mr. Jehan Tabourot）于 1588 年出版的《舞蹈图谱》一书。随后，吉安·塔博尔特将此书翻译成英文，这之后才使得舞蹈教师得知了此项舞蹈。华尔兹舞是摩登舞中最早的舞蹈，起源于 1780 年就是在德国南部非常流行的兰德勒舞。

体育舞蹈文化前身交谊舞的最早记载是在 11、12 世纪欧洲国家的宫廷舞，自 16、17 世纪才在欧洲普遍流行起来。而中国史书记载，汉朝就出现了"以舞相属"的交谊舞。汉朝是中国历史上继短暂的秦朝之后出现的朝代，分为"西汉"（公元前 202 年—公元 9 年）与"东汉"（公元 25 年—公元 220 年）两个历史时期，也就是公元前 2 世纪末到公元 3 世纪初。根据以上观点可以清楚地看到，根据这个时间推算，中国交谊舞出现时间远比记载中的西方交谊舞出现时间早很多。汉朝"以舞相属"论时间演绎可以说是社交舞的前身，因此就单体育舞蹈中的社交舞来说是起源于中国的汉朝。

## 二、体育舞蹈文化的内涵

### （一）体育舞蹈物质文化层面

人经过实践在世界中能动地、现实地复现自己的本质力量，创造了美；于是人也能从自己所创造的世界中通过感觉直接观照这一本质力量，肯定这一本质力量，引起由衷的喜悦而获得美感。在黑格尔（Georg Wilhelm Friedrich Hegel）看来，美的源泉是心灵的自由活动。他说："只有心灵才是真实的，只有心灵才能涵盖一切。所以一切美只有在涉及这较高境界（即绝对、自由、无限、自在自为）而且由这较高境界产生出来时才真正是美。"[①] 体育舞蹈的美就在美妙的舞蹈中追求自由，而在这自由中散发魅力，展现美感。而这最主要的就是一定创造属于中国风的、适合中国本土的体育舞蹈文化。

体育舞蹈属于视觉的表演艺术。它是感知的文化，而对于视觉文化，眼睛可以瞬间摄入未加中介的全部光线和空气中的震颤。在视觉和表演艺术中，人的感觉是由各种无意识的情绪、情感合成的复杂网络结构，而不是单一的。体育舞蹈表演时的一个表情、动作或是独立造型的展示都能勾勒出体育舞蹈风情万种的表象。

基本动作、音乐、服饰是体育舞蹈的基本要素，对体育舞蹈进行审美创造就要从它的基本要素着手进行。体育舞蹈的基本动作（舞步类型）是构成体育舞蹈表演不可或缺的重要元素，舞步动作既可以让舞蹈者吐露情思，又可感染观众共同投入到舞蹈者所编织的意境中。体育舞蹈中不同的舞蹈类型都有其自己独特的舞步类型，这些舞步通过舞蹈者的头部、躯体四肢及情感展现构成，不同的动作及情感展现就形成了不同的舞蹈风格。把握十种舞蹈不同的动作展现，并对其相关的舞蹈进行研究融合、创新改造。比如华尔兹，对动作的要求主要就是流畅完整，在保持完整的同时保证整套动作的婉转性，这样才能彰显华尔兹的文静优美，与此同时表达出超乎世俗的诗情画意。在综合各种要素的同时，可以适当加入我国的武术文化，使其与体育舞蹈文化相融合，展现独树一帜、中国特色的舞蹈风格；或是加入一些滑稽的东北二人转动作、表情，让激情的恰恰拥有中国风的主题，只有彰显体育舞蹈的中国艺术生命力和

---

① ［德］黑格尔．美学［M］.朱光潜，译．北京：商务印书馆，1981：5.

美的灵性,才能产生引人入胜的神奇效果。只有对其进行审美创造才能真正散发内涵魅力。

音乐是体育舞蹈的灵魂,如果缺少了音乐的完美配合,体育舞蹈的表达就不完整。体育舞蹈多种多样的音乐形式呈现出来的情感也是形式多样,体育舞蹈的音乐要与相对应的体育舞蹈种类所展现出的情感相符合。只有律动的旋律和多变的舞步类型相结合,才能提升体育舞蹈的艺术展现力。

在舞蹈开始前,对于即将进行的舞蹈的区分关键就靠舞蹈音乐的感知。因此,音乐与舞步类型的结合就要特别关注,同样对其要有严格的要求。如果舞蹈所流露出的情感同音乐要展现的情感不符合,整个舞蹈就像是人群中的另类,同样它的意境美就会完全丢失。不同类型的音乐需要配合不同类型的舞蹈动作,不同类型的舞蹈需要搭配不同的服饰。在国际体育舞蹈比赛中,一般会最大限度地运用舞蹈服饰所能衬托的美化作用和服饰缤纷的色彩对观赏者心理诱发的作用,使体育舞蹈散发出独具的艺术魅力从而提高体育舞蹈的艺术表演力和竞技观赏性。同时这也是有效提升体育舞蹈审美的方式之一。在极具意境美的体育舞蹈中,舞蹈服饰发挥了不可磨灭的作用,所以在搭配服饰风格上要根据舞蹈类型的不同突出舞蹈的与众不同。

体育舞蹈通过舞步动作、音乐与服饰等实现了自由灵魂对肉体的建构,它不但为人们创造出审美客体而且体育舞蹈运动过程也是创造美的过程,人类的创造力是永不枯竭的。

### (二)体育舞蹈制度文化层面

我国体育舞蹈文化在产业化过程中,出现了许多消极的影响因素,制约了其推广和发展。一是不正当的市场竞争。体育舞蹈的竞争可以促进机制的改革,更可以促进体育舞蹈文化的创新。竞争的实质是各体育舞蹈组织尽最大可能争取属于自己组织的群众基础,争取获得最大的利益。但是竞争手段要合乎市场的道德水平与法律规范,不是夸大自己、诋毁别人就能获得认可和利益。不正当竞争和无序发展是体育舞蹈市场化、产业化的道路上的绊脚石。二是体育舞蹈市场缺乏有效机制。体育舞蹈市场秩序杂乱,没有依法可循的规章制度。三是缺乏专业的体育舞蹈教师队伍。专业的教师能够把专业的舞蹈理论与实践传授给学生,现在国内许多学校及社会组织教师队伍建设不严谨,体育老师代替体育舞蹈老师的现象比比皆是。作为体育舞蹈的专业教师,必须具备从事教学工作的基本知识,必须经过在职的专业训练并获得相应的教师资格证书,同时随着社会的发展及时参与新的舞蹈技术的学习。

当今市场,各类体育项目过剩和同质化现象形势严峻,各类项目的竞争力在很大程度上在项目品牌竞争中表现出来。体育项目品牌是消费者与企业之间通过某种供求关系共同创造的，企业创造某种项目并通过一定的渠道传递给需求的消费者，而消费者在试验产品得到满足后对此产品产生认同感，一系列连锁反应形成了"忠诚消费"。而企业在得到消费者试验后的反馈再不断地改进自己，形成独树一帜的项目产品文化，最终形成体育项目品牌。体育舞蹈如果要在众多的体育项目中得到广大消费者的青睐，稳定和扩大体育舞蹈市场，必须从消费者的需求入手，重视体育舞蹈消费者的需求欲望。具体做到了解体育舞蹈消费者为获得满足所愿付出的成本价格，以消费者所期望价格为中心定价；了解消费者购买使用体育舞蹈产品的方便快捷性，努力为其提供便利；做好与体育舞蹈消费者之间的沟通交流，及时吸取经验完善自我。所有这些都能促使体育舞蹈改进所存在的缺陷，完善自我，促成体育舞蹈品牌的建设。

随着经济及科学技术的快速发展，体育市场已经转变为买方市场。体育各个项目之间的竞争日趋激烈，各占优势，消费者难以在各式各样的项目之间区分伯仲。各类项目之间的竞争已成为综合能力的竞争，只有借助于 CIS 理论的形象塑造，有效塑造提高品牌形象，借鉴各种交叉学科的相关手段，科学准确地探究体育舞蹈具备的优势、机遇及所存在的危机、劣势，充分了解市场、占据市场，才能赢得主动。

现代人们不仅追求躯体的健康，而且还追求精神上的健康，体育潜移默化地成为精神文明的教育活动。人们消费体育，不仅仅因为它能锻炼身体增进健康，而是因为它既是一种精神力量，也是一种物质力量。现如今武术、跆拳道、拓展训练、户外攀岩、广场舞等各类体育项目应有尽有，而体育舞蹈如何在这个大家族中脱颖而出，成为体育舞蹈研究者关心的话题。从 CIS 理论出发，为体育舞蹈形象从三个子系统进行塑造，借助媒介扩大其知名度。从消费者需求入手提高体育舞蹈竞争力，使其迅速占据市场，得到更好地推广发展。体育舞蹈作为一种集体育与艺术于一体的新型的体育项目，更应该作为推广的对象，使其为社会所用发挥其作用。现在人们越来越多地注意到在媒体上征集企业标志、招标 CI 为企业建设形象工程，同样可以借助 CIS 理论为体育舞蹈打造声势。

从我国各地单位和社区体育舞蹈活动的开展情况来看，分别有在广场、公园等公共场所开展，以社区居民利用交谊舞为主的社区舞蹈；有健身俱乐部经营开设的体育舞蹈课程；有职工体育开展的体育舞蹈、交谊舞比赛和活动。借助 CIS 战略根据体育舞蹈文化自身特点所设计的计划和内容，对体育舞蹈文化活动精心的策划和包装，利用舆论媒体等外界工具有效地对体育舞蹈进行宣传，使人们积极热情地参与到体育舞蹈活动中，对体育舞蹈文化有充分的认识、了解，树立正确的观念。

### （三）体育舞蹈精神文化层面

在历史演变过程中从屡禁不衰发展到现阶段的繁荣旺盛，既得益于体育舞蹈运动项目本身所拥有的巨大价值，也受益于我国历史发展背景中社会思想的解放和文化、经济全球化的影响与冲击。体育舞蹈作为舶来品，性感火爆的舞姿展现、热情奔放的情感宣泄这一文化差异对中国传统文化的中庸、含蓄形成了巨大冲击：因为这也成为我国体育舞蹈选手不得不面对的挑战。正因这一文化差异，我国体育舞蹈选手对体育舞蹈风格的诠释不足，缺乏强烈的情感表达，同时在身体素质和技术上也缺少了"力"与"美"的结合，甚至在比赛表演中舞者只是简单地模仿面部表情，曲解了由内而外自然流露情感的道理。

体育舞蹈在中国的传播发展过程受到我国传统文化的制约。传入初期，我国正处于一个内忧外患、摇晃动荡的社会环境。跳舞与当时根深蒂固的传统社会风气格格不入，被视为是破坏礼教、堕落的异类，当时各方认为体育舞蹈男女搭配起舞的形式是与中国的男女授受不亲的传统思想相悖逆的，由此引发了各方势力对于西方新型舞蹈文化的本能抵触甚至"禁止舞蹈"。

"中庸谦和""天人合一、物我两忘"是中国的哲学思想，中国传统的民族舞蹈是以传统的模仿舞蹈动作、脸部表情和舞蹈的场景演绎内心感受；而西方所持有的是"物我对立"的观点，他们重视对事物的客观认识，所以西方的体育舞蹈是用热情大胆的肢体动作表达、传递内心的情感。审美哲学思想的不同导致了传递表达内心情感的舞蹈动作有所不同。中方的含蓄内敛就与西方的热情大胆格格不入。最终使得我国演绎体育舞蹈时的热情表现力及音乐理解力的缺失和对舞蹈风格的诠释不足，缺乏强烈的情感释放。甚至于有些舞者为了达到发泄情感的效果仅是单纯的模仿外国舞者的表情动作，导致表情僵化，曲解情感流露自然性。我国传统的人文性格文化影响了西方热情奔放体育舞蹈文化的演绎。但是这并不能成为制约体育舞蹈文化发展的因素，人们可以东西方结合，将"美女"与"野兽"完美搭配起来，越是民族的越是世界的。借用中国含蓄内敛的民族风搭配西方热情奔放的激情风，演绎一种前所未有的拥有中国特色的体育舞蹈文化。就比如身着民族服饰听着属于中国的民族音乐演绎外来的西方文化，也是一种前所未有民族气质和民族特征的小情调。这同时也是属于一种新文化的创新，在借鉴吸收了外来文化的同时融合本国文化，丢弃"拿来主义"，寻求拥有中国传统元素的新舞种。对于体育舞蹈的本土化发展，可以借鉴"和而不同"思想，对于人类这个大系统以及生息劳作在这个大系统中的人来说，多样性和同一性都是须臾不可或缺的。"和而不同"的思想强调："世界上各种文化和民族之间应该和谐而又非千篇一律，不同而又非相互冲突，和谐以便于共生共长，不同以利于相辅相成。"而当今人类社会需要的正是各种文化在竞争对抗中相互吸收和融合发展。"和而不同"思想恰恰反映了文化的共生理念，它所高扬的正是各种文化不论强弱都能平等地对话和交流，这一思想在文化全球化时代发展民族文化和处理不同文化之间的关系方面为人们指明了方向。用"和而不同"思想处理不同文化之间的关系，不仅在消除冲突、矛盾或是战争方面有积极作用，而且对于推动各国家、民族文化之间的交流有不可磨灭的功绩。坚持用"和而不同"思想解决体育舞蹈文化之间的冲突，可以使本土化发展有勃勃的生机和旺盛的生命力。

除此之外，为进一步加快体育舞蹈本土化的可持续发展，要切实做到实现创新发展、保护创新成果。体育舞蹈组织工作者应时刻关注国外体育舞蹈发展新动态，积极引进先进舞蹈技术并实践研究，分解出适合中国特色的舞蹈相关内容进行吸纳融合，并与中国传统舞蹈中提炼出的舞步和技术相结合，探索出适合中国传播发展的新舞步、新技术。同时对于群众自发研究创新的舞种技术进行有效保护和传播。体育舞蹈的生命在于创造，现实美可以在生活中重复出现，人们同样觉得美。而艺术作品无论从内容还是形式都应该独具匠心。在一定范围内言他人所未言，发他人所未发，而不是简单重复、似曾相识、机械模仿、照搬照拿、陈陈相因。体育舞蹈作为舶来品要想在中国发扬光大，必须有其独特的魅力吸引国人，而并非是完全的"拿来主义"。不照搬、照抄别人的模式，不搞形式主义，大胆创新，以新颖、引人注目、独树一帜的改革吸引眼球促进体育舞蹈的发展。因此，要紧抓文化全球化带来的有利机遇，在保持民族文化独立性的基础上，吸取借鉴外来文化，推动中国体育舞蹈文化走向世界。

# 第二节 高校体育舞蹈课程设置与基础技能训练

## 一、高校体育舞蹈课程设置

### (一) 高校体育舞蹈课程设置的任务及目标

1. 高校体育舞蹈课程设置的任务

体育舞蹈教育课程的设置是实施素质教育的重要环节，也是培养合格人才的重要手段之一。在课程设置中，体育舞蹈的教学任务是结合学生的实际情况，依照健身性与文化性相结合的原则，从实际出发，注重实效，采取科学性和针对性的方法，使学生在掌握体育舞蹈基本技能的基础上，培养思想品德、气质、礼仪及终身体育的良好意识，从而更好地立足于社会，服务于社会。

2. 高校体育舞蹈课程设置的目标

(1) 通过对体育舞蹈专业理论的学习，使学生了解体育舞蹈的起源、发展现状，各种舞种的特点以及竞赛规则和裁判法。

(2) 通过体育舞蹈专项课程的教学，培养学生正确的审美观和思想道德品质，促进学生身心的健康成长。

(3) 使学生基本了解和掌握体育舞蹈的基本理论知识、基本技术以及竞赛组织裁判工作能力。

(4) 提高学生的音乐素养和艺术品位，矫正形体，提升气质，促进学生身心健康。

### (二) 高校体育舞蹈课程设置中存在的问题

1. 学生的观念、意识较弱

由于许多高等院校都很少组织体育舞蹈活动，而且对这项运动的宣传力度也较弱，所以学生很难对体育舞蹈的各项价值形成充分的认识。仅仅依靠课堂教学来培养学生的体育舞蹈素养是远远不够的，还需开展丰富多彩的课外体育舞蹈活动，为学生提供良好的学习和锻炼环境，而且学生在课余时间学习更具有自由性。课余活动的开展使体育舞蹈的教学有效地延续到了课外，学生以自身的情况为依据对不同的锻炼方式进行选择，能够使自身发展的需要得到满足。高校体育教学中，为体育舞蹈课程安排的课时比较少，难以顺利实现预期的教学目标，开展课外体育舞蹈活动能够使这一矛盾得到解决。因此，学校应不定期地组织丰富多彩的课外体育舞蹈活动，提高对体育舞蹈的宣传力度，从而促进学生对体育舞蹈的观念和意识不断增强。此外，学校也可以对体育舞蹈竞赛活动进行适当组织，从而对良好的学习氛围进行营造，使学生有机会展示自己，提升自己，这对于促进体育舞蹈课程教学质量的提高有很大的帮助。

学生对体育舞蹈的态度和学习体育舞蹈的动机主要由其对体育舞蹈的认识所决定，学生跳好体育舞蹈的主要内在动力是拥有良好的习舞动机。人的一切活动都是受其动机所支配的，参加体育舞蹈活动也不例外，只有动机正确，才能表现出潇洒大方的舞姿，才能通过肢体动作将体育舞蹈的艺术魅力展现出来，也才能将不同舞种的风格展现出来，从而达到体育舞蹈的基本要求，达到促进身心健康的目的。但是，一些来自农村的大学生受男女授受不亲这一传统观念的影响比较深，因此无法正确认识体育舞蹈在健身、健心、美学、社交娱乐等方面的功能与价值；另外竞技体育舞蹈的技术动作比较难，对练习者提供了较高的素质要求，很容易对学生练习的积极性造成打击。此外，大学生还未完全树立终身体育意识，因此还没有意识到参与体育舞蹈课程学习的重要性。

2. 教学设施不够完善

在高校体育舞蹈的教学过程中，师生教与学的心情、教学效果和教学质量的提高、课程目标的实现等都会受到教学环境的影响。在体育舞蹈教学中，需要具备的最基本的物质条件，有宽敞明亮且配有镜子和把杆的体育舞蹈教室、功能齐全的音响设备等。但是，高校中用于体育舞蹈教学的场馆、设施和器材等物资设备严重不足。而且，在高校体育舞蹈课程的开设与教学中，很多院校教学方法与手段单一，这难以进一步深化学生所学的内容。在场地设施建设方面，高校领导没有给予高度重视，投入的经费较少，现有的设施又不足，一些院校在上体育舞蹈课时只能借用篮球馆或在室外上课。

以上教学设施方面的因素直接影响了体育舞蹈课程在高校的开展。对此，高校相关部门应及时采取有效的对策来对现有的体育舞蹈课程教学条件进行改善，从而使师生能够在整洁、宽松、优美的教学环境中教授与学习。

3. 专业教材缺乏

在高校体育舞蹈课程的开设过程中，教师的教与学生的学都离不开体育舞蹈教材这一重要的教学材料和课程资源。然而调查结果显示，一套统一的体育舞蹈专业教材目前还未制定，很多高校都是"各自为政"，由本校教师自己创编教学内容。有关部门思想上的不重视是造成体育舞蹈专业教材缺乏的主要原因之一。体育类的课程一直都不是很受重视，其被定位为教育学科体系中的次要学科或辅助学科，再加上我国开展普及型的舞蹈艺术教育的时间比较短。因此，相关部门一直都没有重视对体育舞蹈的研究。尽管一些学者与专家在近些年出版了一些有关体育舞蹈的书籍，但大都是理论方面的著作，内容专业性较强，实用性较差，这对于普通高校普及型的体育舞蹈教学是不适用的。

体育舞蹈教学活动的顺利开展必须要具备专业的课程教材，这是一个非常重要的先决性条件。如果专业课程教材缺乏，就难以开展科学、规范、有针对性的体育舞蹈教学活动，而且会对高校体育舞蹈课程的可持续发展造成制约。因此，当前促进高校体育舞蹈教学不断规范的一个重要途径就在于加强研究体育舞蹈课程教材的力度，对体育舞蹈课程的教学理论体系进行完善，有关部门要高度重视这一途径的落实。我国相关体育与教育部门要尽快对与高校体育舞蹈教学现状相适应的统一教材进行编著，最好能够以专修课、选修课及普修课等不同课程类型的具体要求为依据来对系列教材进行编写，以使高校体育舞蹈教学活动顺利开展。

### 4. 教学内容的选择与定位不合理

当前影响我国高校体育舞蹈课程开展的因素中包括教学内容的选择与定位不合理这一项。国际标准交谊舞有较高的难度，因此不适合作为普及型教育的内容，普通交谊舞的教学更适应高校大学生。高校体育舞蹈课程教学中，缺乏系统的教学计划和完善的专项理论。由于不同地区的高校开展体育舞蹈课程的程度不同，而且大学生的舞蹈基础不一，因此选修该课程的学生的基础条件存在着比较明显的差异。许多学校在设置体育舞蹈课程的教学内容时，只涉及一些皮毛，因而难以使体育舞蹈的功能得到发挥，也难以使学生的学习需要得到满足。教师的专业水平有限、理论知识缺乏、教学目标不确定等是造成体育舞蹈教学内容选择与定位不合理的主要原因。因此，每一位体育舞蹈教师都需要思考这样一个问题，如何在体育舞蹈教学中，将理论知识适当地融入学生的学练实践中，使学生进一步认识与理解体育舞蹈文化。

体育舞蹈具有鲜明的美学特质，具体表现在动作美、音乐美、形体美等方面，体育舞蹈又具有健身、培养气质及文化修养等功能，所以高校体育舞蹈课程教学中，应先教基本舞姿，再教基本技术动作，以此来使学生的体育舞蹈技能不断提高，但一些高校在具体的教学实践中，没有认识到这些教学内容在先后教学顺序上的重要性，教师完全以自己的主观意愿来安排教学顺序，影响了学生对体育舞蹈的系统学习效果。

**（三）推动高校体育舞蹈课程发展的对策**

1. 努力建设校园体育舞蹈文化

（1）加大对体育舞蹈的宣传力度

高校应加大宣传体育舞蹈的力度，使学生能对体育舞蹈运动有更深入的了解。由于学生在校园中度过的时间很长，因此学校对体育舞蹈运动的宣传力度对学生了解体育舞蹈的程度有直接的决定性影响。倘若高校加大宣传体育舞蹈的力度，使大学生尤其是男学生深入认识体育舞蹈运动，那么选修体育舞蹈课程的学生将会增加，男女生比例失调的问题也会得到有效的解决。

高校可以通过以下几个途径来加大宣传力度。

①张贴校园海报

高校应多通过张贴校园海报来对体育舞蹈文化进行宣传，使学生对参与体育舞蹈活动的价值与意义有所了解，并充分认识到参加这一运动会给自己带来哪些好处。没有对体育舞蹈课程进行设置的高校也可以通过这一途径或利用校园广播来宣传体育舞蹈，使学校领导、老师和学生都能够多了解一些关于体育舞蹈运动的知识。

②在校园网中上传视频

高校可以利用校园网来发布一些有关体育舞蹈的内容，如精彩的体育舞蹈演出视频、体育舞蹈文化信息，这是对网络教育进行贯彻与落实的有效途径。这样，学生在课余时间也能够通过网络来对体育舞蹈运动进行了解，从而提高学习兴趣。

③成立体育舞蹈俱乐部

高校可以组建体育舞蹈俱乐部，为学生接触与学习体育舞蹈提供良好的环境与机会。体育舞蹈俱乐部要通过组织与举办体育舞蹈活动来对体育舞蹈文化进行宣传，俱乐部成员也可以去其他未开设体育舞蹈课程的高校表演，以此来使这些高校的领导、老师、学生更加直观地了解体育舞蹈运动，从而带动未开设这一课程的高校设置体育舞蹈课程，重视体育舞蹈运动的教学。

（2）广泛开展体育舞蹈活动

①校园体育舞蹈活动

高校中，一些学生对体育舞蹈非常感兴趣，求知欲很强，因此只通过课堂教学是无法满足其学习需求的，其需要更多的机会与平台来深入学习体育舞蹈，并将自己所学的技能展示给他人。这就要求高校在课余时间开展有关体育舞蹈的活动。

②开展社会实践活动

在一些高校教师看来，高校体育舞蹈课程发展受限的一个主要因素在于开展这项运动所需的经费比较多。调查发现，高校不注重举办体育舞蹈的相关活动，这样，学生所学的技能就无处运用和施展。要想使学生学有所用，更好地实现自我价值，就需要为学生提供良好的社会实践机会，如定期举办稍具商业性质的大型舞会或者演出等活动，这样不但可以解决学而无用的问题，还能够使学校经费紧张的问题得到缓解，从而为体育舞蹈课程的发展提供基本保障。

2. 加强教学场馆的建设

体育舞蹈运动中，健身性体育舞蹈对场地的要求比较低，而竞技性体育舞蹈则对体育场地的要求较高。通常，学生参与健身性体育舞蹈只需一块普通平坦的室内场地就可以。高校领导应高度重视体育舞蹈课程的开设，认识到开设这一项目课程对学生全面发展和落实素质教育的重要性，从而增加资金投入，对一些专业的体育舞蹈场地进行建设，确保体育舞蹈课程教学活动与课余活动顺利开展。

3. 加强课程教材的建设

当前社会上出版的体育舞蹈理论著作由于专业性很强，内容太深，因而对普通高校的体育舞蹈课程教学不太适用。所以，各普通高校之间应加强交流与协作，尽快对符合普通高校体育舞蹈教学现状的教材进行有针对性的统一编制，以确保体育舞蹈教师和学生能够尽早拥有共同学习与讨论的课程资源。

4. 加强体育舞蹈课程教学内容的改革

体育舞蹈课程教学内容包括两个部分，即理论和实践。在调查中发现，注重实践教学而忽视理论传授的问题在很多高校都普遍存在，这也是学生不太了解体育舞蹈文化的主要原因。学生通过对自身身体形态的利用，能够以何种方式来诠释体育舞蹈，直接由其了解体育舞蹈文化的程度决定。由此可知，学生了解体育舞蹈文化是对学生开展实践教学的基础。所以，改革体育舞蹈课程内容不能仅从实践入手，还要兼顾理论，促进理论与实践的有机结合，从而更好地达到加强体育舞蹈课程建设的效果。

## 二、高校体育舞蹈基础技能训练

### （一）把杆基础教学指导

1. 基本扶把方法教学指导

体育舞蹈基础技能教学中，把杆是主要教学内容之一，通过对学生的把杆练习进行科学指导，能够对学生正确的身体姿态进行培养，并促进其下肢和躯干柔韧性及协调能力的发展。在把杆教学中，把杆的高度要到学生的腰部位置。下面就双手扶把与单手扶把的方法进行阐述。

（1）双手扶把

在与把杆相距 30 cm 左右的位置直立，面对把杆，双手轻轻地放在把上，双手间的距离与肩宽相同，肘部自然下垂，放松肩部。

（2）单手扶把

身体与把杆侧对，一只手轻轻地放在把上，扶把手位于身体的侧前方，肘部自然向下垂，放松肩部。需要强调一点，扶把手要轻扶把，不能过分用力，否则会使身体失去重心和平衡。

2. 基本动作教学指导

（1）擦地

在整个腿部的动作训练中，擦地是最基础的动作。学生脚站一位或五位的位置上，通过向前、侧、后方向的绷脚练习，对踝关节、脚背的力量和腿部肌肉进行训练，从而通过腿部动作展现出更加优美的舞蹈线条。

①动作方法

擦地动作按照不同的方位有三种具体方法，即向前擦地、向侧擦地和向后擦地。学生一位或五位站立，用一只手扶把或双手同时扶把，将臀部与腹部收紧，后背挺直，保持紧张状态。

a. 向前擦地，主力腿支撑身体重心，动力腿处于正直状态，将脚尖绷紧向前擦地。脚跟同时以最大的力量向前方顶，脚跟、脚心、脚掌逐渐离地直到整只脚完全在地面上方绷紧，脚面朝外，脚尖与主力腿位于同一条直线上。然后按照原路线慢慢恢复到准备状态。

b. 向侧擦地，主力腿支撑身体重心，动力腿处于正直状态，向侧方向擦出，开始时整只脚擦地，在擦地的同时要将脚背绷紧，并将脚背推到最高点，脚尖点地，脚跟顶向前方，脚面朝外侧，充分伸长腿部的肌肉。然后按照原路线慢慢恢复到准备状态。

c. 向后擦地，主力腿支撑身体重心，动力腿处于正直状态，向后方向擦出。擦地时脚尖先行，尽可能使动力腿伸展到后下方，脚面朝外侧，脚尖与主力腿位于同一条直线上。然后按照原路线慢慢恢复到准备状态。

②教学要求

a. 向前擦地时，脚跟先行，恢复到准备状态时脚尖先行。向后擦地与向前擦地相反。

b. 在擦地练习过程中，可以先通过双手扶把的方式来进行向侧擦地练习。

然后再以单手扶把的方式进行不同方向的练习。需先慢后快地调整练习节奏。

c. 学生初学时，如果开度达不到要求，可先以八字位姿势站立。

（2）蹲

蹲主要是通过不断地进行腿的屈伸，来促进腿部肌肉力量的增加。通过练习蹲的姿势还可以促进跟腱弹性、韧性及膝关节的控制能力的提高。

①动作方法

蹲有半蹲和全蹲之分，具体方法如下。

a. 半蹲，一位站立，上体处于正直状态；两腿膝部慢慢向下蹲，直到最低限度，但要确保全脚掌着地，此时会感到脚腕和脚背受到了挤压，跟腱部位也有明显的牵拉感，之后两膝缓慢地起立。

b. 全蹲，以半蹲为基础继续向下蹲，脚跟逐渐离地，直到蹲到最低限度，此时，臀部不能坐在脚跟上，双腿向外开，挺直后背。之后脚跟先着地再慢慢起立。

②教学要求

a. 先练习半蹲姿势，再练习全蹲姿势。半蹲练习中，一、二、三、四、五位半蹲的方法都是一样的。全蹲时，三、四、五位全蹲和一位全蹲方法一样，注意二位全蹲时不抬脚跟。

b. 下蹲过程中，髋、膝、脚尖保持一致的开度；下蹲和起立的过程中都保持对抗性。

（3）小踢腿

小踢腿主要是对腿和脚的动作速度及肌肉快速的控制能力进行训练，它以擦地为基础向空中踢出25°时稍加控制，速度和力度都要比擦地大，且具有一定的爆发力。

①动作方法

a. 向前小踢腿，一位或五位站立，动力腿向前方擦出后继续向空中踢出（中间没有停顿），直到25°的高度时停止继续踢出，落地时脚尖前点地后收回五位。

b. 向侧小踢腿、向后小踢腿，向侧小踢腿、向后小踢腿的动作方法与向前小踢腿相同，只是方向不同。

②教学要求

a. 学生如果是刚开始接触体育舞蹈，可以先进行分解动作练习，也就是先练习擦地，然后再练习踢腿，当对用力过程有所了解之后，再进行完整练习。小踢腿动作练习中，速度快、力度大，因此要保持身体及主力腿的稳定。

b. 小踢腿动作练习中，踢腿高度要严格把控，最高为25%，因此不能踢得过高，同时要注意保持动力腿的稳定。

（4）控腿

控腿是通过控制腿的高度来对腿、腹、背的肌肉能力进行训练。

①动作方法

主力腿支撑身体重心，动力腿擦地向前方抬起，在距离地面90°高或更高的位置停住，将动力腿控制一定时间后，再慢慢将其放下。

控腿也可以向侧、向后练习，方法与向前控腿相同。

②教学要求

a. 上体挺直，收腹立腰，髋部保持正直，伸直主力腿，尽力向上举起动力腿。

b. 开始练习时，先将动力腿控制在距离地面90°的高度，待逐渐熟练后慢慢提高控腿的高度。

**（二）舞步基础技能训练**

1. 足尖步

（1）动作方法指导

准备时两脚提踵并立，两手叉在腰间。做动作时，左腿伸向前下方，同时绷直膝关节和脚面，从脚尖着地过渡到前脚掌着地，同时向前移动身体重心，两腿交替行进练习。

（2）注意事项

①行进时要收腹、立腰、充分立踵，每一步的步幅要保持均匀。

②两手叉在腰间做足尖步练习。

③配合不同的手臂动作进行完整练习。

（3）动作组合练习指导

预备姿态：两脚提踵并立，两手叉在腰间。

①第一个八拍

第1~4拍：左脚开始向前做四步足尖步，同时两手叉在腰间，左肩在前，右肩在后，抬头、挺胸。

第5~8拍：继续向前足尖步，两手叉腰，右肩在前，左肩在后。

②第二个八拍

第1~4拍：继续向前足尖步，左手斜上举，右手斜下举。第5~8拍：继续向前足尖步，右手斜上举，左手斜下举。

③第三个八拍

第1~4拍：继续向前足尖步，同时，左手在三位，右手在七位。第5~8

拍：原地向左转体360°，同时，双手在三位。

④第四个八拍

第1~4拍：继续向前足尖步，同时，右手在三位，左手在七位。第5~8拍：原地向右转体360°，同时，双手在三位。

2. 弹簧步

弹簧步是对腿部弹性进行展示的舞步，包括向前弹簧步、向侧弹簧步、向后弹簧步等，节奏为两拍完成一个动作。

（1）动作方法指导

①向前弹簧步

第1拍：左脚向前迈一步，由脚尖着地柔软地过渡到全脚掌着地，同时稍弯曲膝，由左腿支撑重心，右腿膝部随之弯曲，保持自然放松。第2拍：左腿伸直提踵，同时右脚伸向前下方，脚面绷直，稍向外旋。

第3~4拍：动作与第1~2拍动作相同，方向相反。

②向侧弹簧步

第1拍：左脚迈向左侧一步，由脚尖着地柔软地过渡到全脚掌着地，同时稍弯曲膝，由左腿支撑重心，右腿膝部随之弯曲，膝关节外展，右脚落于左脚后，前脚掌着地。

第2拍：将身体重心移动到右腿上，同时伸直右腿并提踵，左腿随之伸向左侧下方。

第3~4拍：动作与第1~2拍动作相同，方向相反。

③向后弹簧步

动作方法同向前弹簧步，方向相反。

（2）注意事项

①从脚尖着地过渡到全脚掌着地时，动作要柔和，同时腿要有控制。

②上体直立，立腰收腹，步幅不宜过大。

③先两手叉在腰间进行弹簧步练习，再配合其他手臂动作进行完整练习。

（3）动作组合练习指导

准备姿态：两脚并立。

第一个八拍：左脚开始做四次向前弹簧步。

第二个八拍：左脚开始做四次向左侧弹簧步。

第三个八拍：右脚开始做四次向右侧弹簧步。

第四个八拍：左脚开始做四次向后弹簧步。

第五个八拍：左脚开始做四次向左侧转体弹簧步，每一次转体90°。

第六个八拍：右脚开始做四次向右侧转体弹簧步，每一次转体90°。

# 第三节　高校摩登舞、拉丁舞与街舞的具体训练

## 一、高校摩登舞的具体训练

### （一）华尔兹训练

1. 右脚并换步

右脚并换步 1 小节 3 步。右脚并步指男士而言。

男士：右脚前进；女士：左脚后退。

男士：左脚横移并稍向前；女士：右脚横移并稍后退。

男士：右脚并左脚；女士：左脚并右脚。

2. 右转步

右转步 2 小节 6 步。

男士：右脚前进，低位运行开始右转；女士：左脚后退，低位运行开始右转。

男士：左脚横移，右转 1/4；女士：右脚横移，右转 3/8。

男士：右脚并步，同时右转 1/8；女士：左脚并步，完成转动。男士：左脚后退，继续右转；女士：右脚前进，继续右转。

男士：右脚横移，右转 3/8；女士：左脚横移，右转 1/4。

男士：左脚并步，完成转动；女士：右脚并步，同时右转 1/8。

3. 左转步

左转步 2 小节 6 步。

男士：左脚前进，低位运行开始左转；女士：右脚后退，低位运行开始左转。

男士：右脚横移，左转 1/4；女士：左脚横移，左转 3/8。

男士：左脚并步，同时左转 1/8；女士：右脚并步，完成转动。

男士：右脚后退，继续左转；女士：左脚前进，继续左转。

男士：左脚横移，左转 3/8；女士：右脚横移，左转 1/4。

男士：右脚并步，完成转动；女士：左脚并步，同时左转 1/8。

4. 叉形步

叉形步1小节3步，男生不转体，女生1/4向右转体形成侧行位置开始舞姿。男士：左脚前进，低位运行；女士：右脚后退，低位运行开始左转。

男士：右脚横移，到位后重心完全升起；女士：左脚横移，右转1/4。

男士：高位运行，左脚交叉于右脚后；女士：右脚在侧行位置交叉于左脚后，身体完成转动。

5. 侧行追步

侧行追步1小节4步，男生不转体，女生1/4左转。

男士：右脚沿着舞程线方向前进；女士：左脚沿着舞程线方向前进。

男士：左脚沿着舞程线方向横移并稍前进；女士：右脚在身体左转中沿着舞程线方向横移，左转1/8。

男士：右脚沿着舞程线方向重力拖步横移并步；女士：左脚在身体左转中沿着舞程线方向重力拖步横移并步，左转1/4。

男士：左脚横移；女士：右脚横移。

6. 扣步

男士：左脚前进，着地时先脚跟后脚掌（跟掌）；女士：右脚后退，着地时先脚掌后脚跟。

男士：右脚横步稍前，着地时用脚掌（全掌）；女士：左脚斜后退，着地时用脚掌。

男士：左脚在右脚后交叉，着地时先脚掌后脚跟，结束时成开式舞姿；女士：右脚应在左脚后交叉，着地时先脚跟后脚掌，结束时成开式舞姿。

7. 右旋转步

右旋转步有六步，节奏为1、2、3、1、2、3。

男士：右脚前进开始右转；女士：左脚后退开始右转。

男士：左脚经过右脚横步1~2转1/4周；女士：右脚经左脚横步1~2转3/8周，身体稍微转。

男士：右脚并与左脚2~3转1/8周；女士：左脚并与右脚身体完成稍微转。男士：左脚后退左脚保持在反身动作位置中（轴转）右转1/2周过渡到跟，掌转；女士：右脚前进（轴转）右转1/2周，跟脚。

男士：右脚要前进继续右转跟掌；女士：左脚后退，并向左侧继续右转跟掌。男士：左脚横步稍微后5~6转3/8周，掌跟；女士：右脚经过左脚斜进5~6转3/8周，掌跟。

8. 迂回步

迂回步有六步，节奏为1、2、3、1、2、3。

男士：右脚前进并交叉于反身动作及侧行位置，着地时要先脚跟后脚掌；女士：左脚前进并交叉于反身动作及侧行位置开始左转，着地时要先脚跟后脚掌。

男士：左脚经右脚横步稍前左转 1/8 周，着地时用脚掌；女士：右脚经左脚横步稍微前 1~2 转 3/8 周，着地时要用脚掌。

男士：右脚横步，着地时要先脚掌后脚跟；女士：左脚横步，着地时先脚掌后脚跟。

男士：左脚沿后肩后退左转 1/8 周，着地时要先脚掌后脚跟；女士：右脚外侧前进 3~4 转 1/8 周，着地时先脚跟后脚掌。

男士：右脚横步稍微后左转 1/2 周，着地时用脚掌；女士：左脚横步稍前左转 1/4 周，着地时要用脚掌。

男士：左脚横步成开式舞姿，着地时要先脚掌后脚跟；女士：右脚经左脚横步成开式舞姿，着地时用脚掌。

9. 跨踏步

男士：左脚前进开始左转，着地时要先脚掌后脚跟；女士：右脚后退开始左转，着地时要先脚掌后脚跟。

男士：右脚横步 1~2 之间转 1/4 周，着地时要用脚掌；女士：左脚横步 1~2 之间转 1/4 周，着地时用脚掌。

男士：左脚并与右脚不置重量 2~3 之间转 1/8 周（掌跟重心在右脚）；女士：右脚并与左脚不置重量 2~3 之间转 1/8 周（掌跟重心在左脚）。

**（二）快步舞训练**

S 为慢（slow），Q 为快（quick）。

1. 向右直角转步

向右直角转步有四步，节奏为 S、Q、Q、S。从闭式开始。

男士：右脚前进，开始右转，跟掌；女士：左脚后退，开始右转，掌跟。

男士：左脚横步，1~2 转 1/8 周，全掌；女士：右脚横步，1~2 转 1/4 周，全掌。

男士：右脚并于左脚，2~3 转 1/8 周，全掌；女士：左脚并于右脚，身体稍转，全掌。

男士：左脚横步稍后，不转，掌；女士：右脚斜进，不转，掌跟。

2. 直行追步

直行追步有四步，节奏为 S、Q、Q、S。

男士：右脚后退，开始左转，掌跟；女士：左脚前进，开始左转，跟掌。

男士：左脚横步，1~2 转 1/4 周，身体稍转，掌；女士：右脚横步，1~2 转 1/8 周，身体稍转，掌。

男士：右脚并于左脚，掌；女士：左脚并右脚，掌。

男士：左脚横步稍前，掌跟；女士：右脚横步稍后，掌跟。

3. 前进锁步

前进锁步有四步，节奏为 S、Q、Q、S。

男士：在反身动作及外侧舞伴位置中，右脚前进，跟掌；女士：在反身动作位置中左脚后退，掌跟。

男士：左脚前进稍向左，掌；女士：右脚后退，掌。

男士：右脚交叉于左脚后，掌；女士：左脚交叉于右脚后，掌。

男士：左脚前进稍向左，掌跟；女士：右脚后退稍向右，掌跟。

4. 右转跻蹰步

右转跻蹰步有六步，节奏为 S、Q、Q、S、S、S。

男士：右脚前进，开始右转，跟掌；女士：左脚后退，开始右转，掌跟。

男士：左脚横步，1~2 转 1/4 周，掌；女士：右脚横步，1~2 转 3/8 周，身体稍转，掌。

男士：右脚并于左脚，2~3 转 1/8 周，掌；女士：左脚并于右脚，身体完成转动，掌跟。

男士：左脚后退，继续右转，掌跟；女士：右脚前进，继续右转，跟掌。

男士：右脚横步（拉脚跟），4~5 转 3/8 周，脚内缘全脚；女士：左脚横步，4~5 转 3/8 周，掌跟。

男士：左脚并右脚，不置重量，不转，左脚掌内缘；女士：右脚并左脚，不置重量，不转，脚内侧。

5. 追步左转

追步左转有三步，节奏为 S、Q、Q。

男士：左脚前进，开始左转，跟掌；女士：右脚后退，开始左转，掌跟。男士：右脚横步，1~2 转 1/8 周，全掌；女士：左脚横步，1~2 转 1/4 周，身体稍转，全掌。

男士：左脚并右脚，2~3 转 1/8 周，身体稍转，全掌；女士：左脚并右脚，身体稍转，全掌。

6. 右旋转

右旋转有六步，节奏为 S、Q、Q、S、S、S。右旋转包括右转和右旋转，右转步为 1/4 转，右旋转为 3/4 转。

男士：右脚前进，开始右转，跟掌；女士：左脚后退，开始右转，掌跟。

男士：左脚横移，1～2 步右转 1/8 周，掌；女士：右脚横移，1～2 步右转 1/8 周，掌。

男士：右脚并步，右转 1/8 周，掌跟；女士：左脚并步，右转 1/8 周，掌跟。男士：左脚后退，身体右转 1/2 周，掌；女士：右脚前进，身体右转 1/2 周，掌。

男士：右脚前进，右转 1/8 周，跟掌；女士：左脚后退，右转 1/8 周，掌跟。男士：左脚横移后退，右转 1/8 周，掌；女士：右脚并步前进，右转 1/8 周，掌。

### 7. 后退锁步

后退锁步有四步，节奏为 S、Q、Q、S。

男士：在反身动作位置中，左脚后退，掌跟；女士：在反身动作及外侧舞伴位置中，右脚前进，跟掌。

男士：右脚后退，掌；女士：左脚前进稍向左，掌。

男士：左脚交叉于右脚后，掌；女士：右脚交叉于左脚后，掌。男士：右脚后退稍向右，掌跟；女士：左脚前进稍向左，掌跟。

### 8. 跑步结束

跑步结束有三步，节奏可以用 S、Q、Q，也可以用 Q、Q、S。跑步结束右转角度可以是 1/4 周，也可以是 3/8 周。

男士：左脚后退，开始右转，掌；女士：右脚前进，开始右转，跟掌。男士：右脚横移，右转 1/8 周，掌；女士：左脚横移，右转 1/8 周，掌。男士：左脚前进，右转 1/8 周，掌跟；女士：右脚后退，右转 1/8 周，掌跟。

### 9. V-6 步

V-6 步有七步，节奏为 S、Q、Q、S、S、Q、Q。

男士：左脚后退，掌跟；女士：右脚前进，跟掌。

男士：右脚后退右肩引导，掌；女士：左脚前进左肩引导，掌。

男士：左脚交叉于右脚前，掌；女士：右脚交叉于左脚前，掌。

男士：右脚后退，掌跟；女士：左脚前进准备向外侧，掌跟。

男士：在反身动作位置中左脚后退，掌跟；女士：在反身动作及外侧舞伴位置中右脚前进，跟掌。

男士：右脚后退，开始向左转，掌；女士：左脚前进，开始向左转，掌。

男士：左脚横步稍前，6～7 转 1/4 周，身体稍转，掌跟；女士：右脚横步稍后，掌跟。

## 二、高校拉丁舞的具体训练

### (一) 恰恰恰训练

1. 扇形步

扇形步式从闭式舞姿开始，男伴在基本步前半部分转 1/8 周，然后引导女伴左转，两人同时打开扇形位。

男士舞步：

(1) 右脚后退，右转 1/8 周。手臂划弧线向侧方向引导。

(2) 左脚原地踏一步，身体左转 1/4 周。继续向里线引导。

(3) 右脚横步。引导的手臂稍低放松，给女伴留出展示的时间，舞步应在一条线上。

(4) 左脚并右脚，手臂在胸前向外展。节奏的瞬间要快速地找到两人的合力。

(5) 右脚横步，稍前，打开成扇形步，眼睛与女伴对视。

女士舞步：

(1) 左脚前进，准备左转。身体相应地开始展开。

(2) 右脚横步稍后，左转。身体继续反方向打开。

(3) 左脚后退。

(4) 右脚并左脚。

(5) 左脚横步，稍前，体会男伴引导的张力。右手臂与身体成 90°。

2. 右陀螺转

右陀螺转是在闭式舞姿开始的，做这个动作时女伴始终保持闭式舞姿，女伴运步过程中不可走到男伴的外侧，形成外侧舞姿。

男士舞步：

(1) 右脚掌踏在左脚后，脚尖向外，左脚掌向右转。成交叉步后，步子不要大。

(2) 左脚横步，继续右转。在引导过程中注意应有展示女伴的意念，这就需要用眼睛来引导。

(3) 同 (2) 的动作，继续右转。

(4) 同 (3) 的动作。继续右转。应借上一小节旋转的动势。

(5) 右脚横步，右转 1 周完毕。

女士舞步：

（1）左脚掌横步向右转。有肩部的引导和视点的转换。

（2）右脚在左脚前交叉，继续右转。

（3）同（2）的动作，继续右转。

（4）同（3）的动作，继续右转。

（5）同（2）的动作，右转1周完毕。

**（二）牛仔舞训练**

1. 左向右换位舞步

男士：左脚后退；女士：右脚后退。

男士：右脚原地踏一步；女士：左脚原地踏一步。

男士：左脚掌横踏，左手抬起准备带女士转身；女士：右脚前进准备左转。

男士：右脚向左脚半并步，带女士左转；女士：左脚向右脚半并步，准备左转。

男士：左脚横步；女士：右脚为轴，后半拍时快速向左转身，与男士相对。

男士：右脚前进；女士：左脚后退。

男士：左脚向右脚半并步；女士：右脚向左脚半并步。

男士：右脚前进；女士：左脚后退。

2. 连步绕转

连步绕转是由两个动作组成，连步是由开式到闭式的连接步，绕转是在闭式舞姿上的原地转，互相绕转。

男士：左脚后退；女士：右脚后退。

男士：右脚原地踏一步；女士：左脚原地踏一步。

男士：左脚进一小步；女士：右脚进一小步。

男士：右脚向左脚半并步；女士：左脚向旁小横步。

男士：左脚斜前进，与女士合成闭式舞姿；女士：右脚向男士双脚间前进，合成闭式舞姿。

男士：右脚掌交叉踏在左脚后；女士：左脚向男士右侧前进。

男士：左脚横步；女士：右脚向男士双脚间前进。

男士：右脚小横步；女士：左脚横步。

男士：左脚向右脚半并步；女士：右脚向左脚半并步。

男士：右脚横步；女士：左脚横步。

注：1~5 步是连步，6~10 步是绕转，结束时是闭式舞姿。

## 三、高校街舞训练

### （一）街舞基本技术与动作训练

1. 基本技术

弹动技术：街舞的弹动技术主要表现在膝关节的弹动、踝关节的缓冲以及髋关节的屈伸三个方面。

控制技术：街舞的多数动作有很强的动感和力度美。为了表现这一特色，就需要频繁地使用肌肉的爆发力，有时某些动作出现在音乐的弱拍上，这就要求动作的速度很快，必须协调控制肌肉的松弛与紧张，才能达到应有的效果。

重心的移动和转换技术：街舞的重心移动技术主要表现在动作方向的变化上，通过前、后、左、右的移动技术，使身体运动的路线发生丰富的变化。

2. 基本动作

街舞的基本动作是街舞的核心，只要掌握这些基本动作，再通过不同的组合和运用，就能创编出不同难度、不同风格的街舞。街舞基本动作的主要内容是由，上肢动作（手臂的摆动、举、屈伸、环绕、波浪等）、下肢动作、躯干动作（头、肩、胸、腰、髋）和地面动作（蹲、跪、撑）组成。

### （二）街舞流行动作拓展训练

1. 手倒立

站立两臂前举开始，上体前倒双手撑地一腿蹬地另一腿上摆，当摆动腿摆至与地面垂直时，蹬地腿、上摆成倒立或屈膝倒立，含胸、顶肩、立腰，使身体重心落在两手上。

2. 侧屈体单臂支撑

由站立姿势开始。上体前倒，双手撑地，一腿弯曲蹬地，另一腿后上摆；当摆动腿摆至与地面垂直时，蹬地腿上摆倒立，然后推右手，右腿伸直侧落，左腿后屈，或两腿侧落。身体右侧屈，使身体重心落在左手上。

3. 单腿全旋

由两手撑地，左腿全蹲，右腿侧伸开始，右腿沿地面经前向左绕跃，同时上体在两手支撑作用下，向左、右侧依次移动，并使右、左手离地让右腿绕过再撑；右腿绕至左脚时，左脚蹬地稍提臀腾空，让右腿迅速绕过至右侧方，回到开始姿势。

4. 风车

由分腿俯撑开始，左手靠近身体左侧撑地，左肘内夹靠住腰侧，右手在前撑地，两脚大分腿；左脚蹬地抬起，往右斜下方用力摆腿，同时左手放开，身体由左侧倒，沿着手臂至背部顺序着地，腰部稍抬起，两腿依次摆动，带动身体转动成俯卧：双手迅速撑地，使身体撑成开始姿势，然后再按照同样的步骤重复进行。

# 第六章　高校足球文化理论与实践

足球文化是高校体育文化的有机组成部分，作为一种健康的育人文化，其对学生的全面发展意义重大。高校应当立足自身足球运动开展的实际情况，积极构建完善的足球文化。本章在介绍校园足球文化内涵及建设意义的基础上，分析了高校足球文化建设的现状与优化路径、高校足球运动的技战术，并对高校足球运动队的训练实践加以研究。

## 第一节　校园足球文化的内涵及建设意义

### 一、校园足球文化的内涵

#### （一）文化是校园足球的本质属性

校园足球的本质是文化。因为，足球项目属于体育项目的一种，而体育作为一种教育手段和教育本身均属于人类社会历史实践中所创造的物质财富和精神财富的总的范畴。从这个角度来看，体育和教育均是文化借以实施的手段，是文化的具体化。也就是说，体育（足球）的真正内核是文化。校园足球是体育和教育的结合体，是将体育项目运用于教育实践的产物。因此，文化亦是校园足球的真正内核，是校园足球的本质属性，文化建设是校园足球的核心工作。

#### （二）以人为本是校园足球文化建设的核心

校园足球活动的实施过程是足球项目的"人化"过程。是足球项目实践影响人、改造人的过程，也是人能动地作用于足球项目发展的过程。对于校园足球而言，"人"更多指的是参与足球活动的广大青少年学生，可以说，学生是校园足球文化建设的核心，校园足球活动的开展要以广大的青少年学生为本。当然，以人为本中的"人"也可包括体育教师、校长、管理者等人群。但从校园足球开展的基本目标——素质教育、足球人才培养角度来看，相对于学生而言，这些人群仍处于"边缘"地位，学生才是所有人群的核心。学生的健康是以人（学生）为本的基本前提。

### （三）物质、精神、行为、制度文化构成文化统一体

校园足球文化是由物质文化、精神文化、行为文化和制度文化构成的文化统一体。其中，物质文化作为开展足球活动基本的前提条件，属于基础的范畴；精神文化更多地倾向于意识形态方面，属于目标（方向）的范畴；制度文化是为规范校园足球活动开展而制定与设立的，属于基本保障条件的范畴；行为文化与规范和约束学生足球活动的行为相关，属于基本规范范畴。从以人（学生）为本的角度来看，行为文化与学生直接相关，因此行为文化处于核心地位。

## 二、校园足球文化建设的意义

### （一）校园足球文化可以"育人"

一方面，校园足球文化是一种健康的育人文化。高校内积极开展校园足球活动，对在校大学生的身心健康、意志品格都有着积极的作用。首先，足球作为世界第一运动，在高校中具有广大的受众群体，不仅包括参赛选手，也包括了啦啦队及观看的学生。构建校园足球文化，可以帮助在校大学生从足球运动中体验体育的价值、感受体育的快乐，从而促进大学生在学习、生活的同时能够形成终身体育的意识，为将来的人生打下坚实的基础。其次，足球运动之所以如此受欢迎，不仅体现在足球运动本身具有对抗性与趣味性，更体现在足球运动是参赛选手最多的团体项目。高校构建校园足球文化的过程中，在校大学生通过参加各类足球活动，不仅能够通过活动的对抗性培养自身坚韧的品质，也能通过活动的趣味性放松身心、缓解压力。而足球活动作为一项集体性项目，能够有效地培养大学生的沟通能力和团队意识，对于提升大学生社会适应能力非常有利。

另一方面，校园足球文化是一种可持续的育人文化。虽然自 2009 年起，

高校内逐渐兴起的"校园足球热"的热潮并未退去，但应当认识到如果仅仅将高校校园足球活动停留在开设几节足球必修课、组织几场校内校际足球联赛或者足球趣味活动，长此以往，既不能保证成效，也无法将其维系下去。如果说活动是调动大学生兴趣的催化剂，那么文化才是能够融入大学生内心的金钥匙。将高校校园足球作为一种文化来打造，不仅将校园足球纳入教学体系，让其进入大学生的校园文化生活，更要使其融入大学生的内心世界。从而培养大学生关注足球、喜爱足球、参与足球的积极态度，使得高校"校园足球热"持续有效的延续下去。

## （二）校园足球文化可以"兴校"

环视全国各大高校，都有着自己的"校训""校风"，无外乎是对本校培养大学生精神品格的目标及期望。而校园足球，作为一项具备对抗性强、参与度高等特点的团体项目，有助于在高校中形成"积极、参与、团结、拼搏"的风气，与高校的校风建设不谋而合。建设高校校园足球文化可以为高校注入生机和活力，将刻在碑上、写在书上的"校训""校风"变得鲜活起来，营造出生机勃勃的校园文化氛围。

足球作为世界第一运动，已经成为各国间交流的一项媒介。同样的，高校不仅需要向学生、家长展现自身的特色，也要与各地兄弟院校进行交流学习。而在"校园足球热"的背景下，高校足球活动的开展情况、校园足球文化的建设情况也成为高校对外交流的一大媒介。

2015年3月由华南农业大学、华南理工大学、暨南大学、中山大学等高校联合发起成立了高校足球联盟（College Football Union，简称CFU）。CFU立足于建立一个全国性的高校足球交流平台，倡导高校足球文化，活跃高校足球氛围，推动和促进各高校球迷活动的发展和普及，营造高校球迷的文化氛围。目前，已经有超过一百所高校加入其中，包括北京大学、南京大学、武汉大学、山东大学等重点大学。由此可见，大力建设高校校园足球文化，可以发挥其"兴校"的作用，将其建设成果作为高校对外展示的一道窗口，吸引社会的关注，获取各界的认可。

## 第二节　高校足球文化建设的现状与优化路径

### 一、高校足球文化建设的现状

#### （一）足球物质文化建设现状

1. 校园足球场地设施

足球运动这项体育项目对场地与器材有着较为严格的要求，如果场地与器材不达标，就不利于足球教学与训练实践的开展，而且容易使运动员发生运动损伤。我国十分重视校园足球活动的开展，国家体育总局也对此相应地不断增加投入，专门有用于校园足球开展的经费，尽管如此，我国的校园足球的硬件设施尤其是场地的缺乏问题仍然严峻。制约校园足球运动发展的因素中，就包括缺乏足球训练场地这一关键因素。这种情况严重影响了学生足球运动水平的提高，也无法达到校园足球活动顺利开展的目的，因此改善校园足球场地与设施十分必要。

2. 校园足球师资力量

目前，在我国已经出现了一些校园足球省级布局城市。这些城市与其他城市比较而言，其足球氛围较好、基础设施较为完备、推广较为普及，并且受到各级政府与领导的高度重视与关注。近些年，校园足球活动在这些布局城市的发展取得了一定的成就，然而出现的问题也是很多的，这些问题具体包括社会、家长以及学生没有正确认识校园足球活动的重要性；足球活动开展的硬件设施不足；没有规范的组织活动；也没有足够的政策保障；尤为重要的是，校园足球的师资力量存在着许多较为严重的问题。

我国很多高校开展校园足球活动的起步较晚，没有足够的足球师资队伍，而且一些师资力量并没有明确自己的职责，在工作中推卸责任的现象经常出现。此外，一些校园足球省级布局城市还缺乏足够的足球教育机构，这些都使我国校园足球活动的开展受阻。而且由于没有足够与完善的足球师资队伍，足球后备人才的培养也受到了制约，高校开展校园足球活动的积极性受到很大的阻碍。

我国各级政府部门以及教育部门都十分重视校园足球的开展，重视足球的教学质量与训练水平，因此就需要尽快解决足球师资队伍中出现的一些问题，要重视对高质量以及高水平足球师资力量的建设与培养，使不同的师资力量能够在自己的岗位上全心全意地为校园足球运动的开展而贡献自己的力量，发挥自己的价值，保证校园足球教学与训练的持续性发展方向。足球教师和教练员是推动校园足球运动宣传与发展的最直接的师资力量，校园足球开展的质量与效果直接受到足球教师与教练员专业技能水平的决定性影响。因此发挥足球教师及教练员的专业力量对于发展高校足球文化更加重要。

### （二）足球精神文化建设现状

通过调查我国部分高校的足球精神文化建设现状发现，只有为数不多的高校校园足球精神文化建设良好，建设情况不佳的高校占到了绝大多数。在调查校园足球精神文化建设现状过程中，主要借助三个问题来进行，即"学校通过本校的足球文化是否提升了自己的影响力""学校的足球文化建设是否是教师的舞台""学校的足球文化是否可以成为体育节目"。在第一个问题上，有些学校高度认同通过足球文化的宣传可以提高本校的影响力，这类学校中以高校居多，因为这些高校中已经建立了高水平的足球队，足球队也代表本校参加了全国足球比赛，通过参加比赛提升了本校的知名度，所以这些高校认可通过足球可以提高学校的影响力。在第二个和第三个问题上，认同感就远远低于第一个问题，这主要是因为现阶段我国各级学校中的足球组织、足球竞赛体系和足球管理机制还不够完善，存在许多问题。①

### （三）足球行为文化建设现状

现阶段，我国校园足球行为文化的建设现状总体而言存在不足，校园足球的物质文化与规范文化会在很大程度上影响校园足球文化建设的核心——校园足球行为文化。因为现阶段我国校园足球规范文化的建设水平较低，因此行为文化建设现状不容乐观也就不难理解了。一般来说，强身健体、结交朋友、发展自我、获取愉悦是学校教师与学生参与足球活动的几个常见目标。其中，出于健身动机而参与足球运动的师生所占的比例最多。

### （四）足球制度文化建设现状

目前，我国校园足球制度文化的建设水平还比较低，只有少数一些学校对校园足球制度文化进行了较为成功的建设，而大部分学校在制度文化建设中还

---

① 姜华．足球运动文化体系的建设与发展［M］．北京：中国商务出版社，2018：220．

没有突出的成就，甚至有些学校还没有开始着手建设足球制度文化。在调查校园足球制度文化建设现状的过程中，同样借助三个问题来进行，即"学校是否可以严谨地组织足球活动""学校是否有完善的足球运动管理模式"以及"学校是否制定了严格的足球运动管理制度"。关于这三个问题，大多数的学校都没有给出肯定的回答，由此也反映出，现阶段我国校园足球规范文化的建设还处于较低的水平，这是制约我国校园足球文化体系建设的主要问题。①

## 二、高校足球文化建设的优化路径

### （一）强化足球物质文化的基础建设

1. 加强场地设施的建设与维护

从足球场地数量来看，现有的校园足球场地基本上不能使学校日常足球教学和学生参与足球学练的需求得到满足，各项与足球相关的群体活动也因为场地不足而无法开展；从足球场地设施的维护来看，现阶段关于足球场地的日常维护，很多学校尚存在较大缺陷，这就导致校园足球场地逐渐出现破败不堪的迹象。长此以往，学校中的足球场地终究会因为年久失修而废弃，这样足球教学、校园足球活动的开展与足球场地缺乏之间的矛盾就愈加激烈了。因此，各高校应在校园足球场地设施建设方面加大投入力度，不仅要重视对新场地的修建，还要注意对已有场地的维护，以此促使足球场地设施使用寿命的延伸及使用效率的提升。

2. 加强师资力量的建设

（1）扩充校园足球师资数量

校园足球活动的开展离不开大量拥有足球专业特长的体育教师的参与，现阶段，高校的足球师资数量还没有达到足球活动开展所需要的教师数量的要求，这是校园足球发展过程中一个最突出也是最需要尽快解决的问题。鉴于这一严峻的问题，应该增加足球师资数量，使校园足球运动能够顺利开展。因此需要对教师聘用机制进行进一步的改革，促进足球师资队伍补充机制的不断完善，以此来增加校园足球师资数量，保证校园足球的持续发展。以下两种途径是目前最为可行的且运用较为广泛的扩充足球师资的途径。

一是通过对"足球师资特设岗位计划"进行制定，对足球专项人才进行优先选择并录用，使之到学校任教。

---

① 姜华. 足球运动文化体系的建设与发展［M］. 北京：中国商务出版社，2018：221.

二是对教育部门与体育部门中现有的闲置专业资源进行整合，如体育系统闲置的足球教练、退役运动员及俱乐部明星球员等专业资源，发挥这些资源的作用，采用多元形式（兼职、引进等）使足球师资数量不足的现状得以改善。

（2）优化校园足球师资质量

在校园足球物质文化的基础建设过程中，需要对足球师资队伍的数量结构、年龄结构、学历结构、职称结构等进行不断的优化，使足球师资的专业水平不断提高，这是特别需要重视的问题。校园足球师资质量的优化可以从以下几方面着手进行。

一是推行足球教师资格制度。通过对足球教师资格制度的推行，可以促进足球教师队伍整体素质水平的提高。具体来说，就是要对足球定点学校中的足球教师或教练员进行资格考试，按照分层分级管理原则，将相应的等级资格证书颁发给考核合格的教师。足球教师可以凭借资格证书担任足球教学或教练的工作。学校在对教师进行职称评定时也可以将此作为指标，这样能够对足球教师或教练员的工作积极性进行有效激发。

二是将足球教师的继续教育培训重视起来。为了促进足球各级教师执教能力的提高，需要完善足球教师的继续教育培训机制，这是对韩国培训足球教练员经验的借鉴与参考。具体来说，就是要加大对已经获得相应资格证书的足球教师的继续培训的力度，要求已经获得等级教练员资格的足球教练必须参加每年定期举行的相应级别的强化培训，并鼓励其对科学训练方法要积极引入，对最新信息资源要及时吸收，以此来促进其专业素质和业务水平的不断增强，从而加强对足球师资质量的优化。

三是促进足球教师的交流学习。"请进来"是促进足球师资优化的重要手段，请进来的同时也要学会抓住机会"走出去"。这里所说的"请进来"指的是定期将国内外足球专家、知名人士等邀请到定点学校中，通过开展交流研讨会和专题讲座等促进定点学校足球师资交流学习机会的增加，促进师资优化。"走出去"指的是对优秀的足球教师或教练员进行选拔，将选拔出的教师或教练员输送到国外足球发达国家，使其学习国外先进的知识或有效的经验，并带回我国加以合理地借鉴。

**（二）健全足球精神文化的指引建设**

在高校足球文化体系的建设中，精神文化发挥着重要的指引作用，学生对校园足球活动的期望主要由精神文化来承载，同时，校园足球精神文化也反映了高校及高校所在城市对校园足球发展目标的终极追求。校园足球文化持续健康发展离不开精神文化这种内在动力的推动，校园足球文化所形成的品牌价值，其本质体现在校园足球文化中的精神文化内涵之中。足球运动有着非常悠久的发展历史，其广泛开展于我国各大城市和各级学校，校园足球文化的建设受到校园足球参与主体（个体与群体）的意识观念和开展足球活动的社会环境的深远影响。因此，需要通过各种形式，如组织足球沙龙、足球知识讲座等，来使精神文化所具有的指引作用得到强化与充分地发挥，来对校园足球文化体系进行科学的建设。

### （三）强化足球行为文化的核心建设

在我国高校足球文化建设过程中，必须要将对足球行为文化建设的强化重视起来，要确立"以人为本"即以学生为本的思想，并以此为基础，对人文教育在校园足球文化中的重要性加以重视，以将校园足球所具有的健身功能和教育功能凸显出来。在我国高校足球文化发展过程中，育人健身是教育、文化和健身三者共同发展的必然和有效归一。校园足球文化活动中，学生是参与主体，是活动开展的出发点，也是最终归宿，因此要在足球文化的建设过程中始终贯彻学生、教育以及社会统一发展的原则。另外，还要开发足球文化的建设新模式，即人文教育和项目教育有机结合的建设模式。

### （四）推进足球制度文化的保障建设

1. 建立校园足球管理体制

对校园足球管理体制进行建立并使之不断完善需要相关人员开动脑筋，解放思想，摆脱传统体育观念与体制的束缚，对现阶段的校园足球组织体系（以体育职能部门为主体）进行改革，将教育行政部门的管理主体地位凸显出来，建立与现阶段足球发展实际相符的组织管理体系，这一体系应以政府为主导，体育部门与教育部门相互协调配合进行具体的组织与管理工作，但要以教育部门为主，即建立"政府主导、教体共管、以教为主"的组织管理体系。构建这一校园足球活动管理体系的原因主要体现在以下几方面。

首先，学生的主要学习场所就是学校，管理学中有责任、权力、利益相统一的原则，依据这一原则，教育部门理应是学校的主要管理者，而学校中的足球活动也应该由教育部门主管。如此而言，校园足球活动的大部分工作都应该由教育部门承担。教育部门要通过科学的制度设计，使学校、家长和学生将校园足球活动真正重视起来，并通过一些有效的制度鼓励学生对校园足球活动的积极参与。

其次，校园足球运动的发展离不开对教育部门与体育部门的优势资源的整合，体育部门的资源优势主要体现在资金、技术等方面，所以校园足球活动的开展需要体育部门的大力支持和全力配合。体育部门与教育部门有各自的职责与分工，教育部门主要负责搭建平台，组织与开展校园足球活动，对相关政策和实施措施进行制定，采取有效的组织形式促进校园足球活动的顺利开展；体育部门需要将一定的配套设施提供给学校，并以此为基础，将自身在资金与技术方面的优势发挥出来，配合教育部门做好校园足球联赛的开展工作，在师资的培训中要加强专业指导，在师资不足的情况下要做好人力支援，并对有天赋的足球后备人才进行挖掘。

最后，作为一项巨大的系统工程，校园足球运动的发展不单单涉及体育部门与教育部门，而且还涉及发改委、财政局、宣传部等相关部门，这些部门要充分发挥自身的资源优势，共同为校园足球运动的发展而努力，鉴于此，校园足球运动要想持续发展，就需要一个权力高于教育部和国家体育总局的机构来带头。

总而言之，在校园足球组织管理系统内部需要将各种关系协调妥善，将管理系统的控制和整合作用充分发挥出来，促进整个体制的正常运转。

2. 建立校园足球"特区"

建设校园足球"特区"的核心是，在体育运动的发展中，将校园足球作为特定区域，给予其相关的扶持与有利政策，使之能够对高校、家长、学生构成强大的吸引，使其积极参与其中，促进校园足球发展目标的顺利实现。政府制定的相关政策要有利于校园足球的发展，而且要注意政策的特殊性。这里的特殊性主要从两个方面体现出来：一方面指的是对足球的扶持政策具有针对性，即专门针对校园足球，只有校园足球才能享有这些政策，其他体育项目不能享受；另一方面指的是政府出台的政策要创新，要突破，仅仅在现有政策的基础上进行补充与完善是不够的。

现阶段，我国校园足球存在许多明显且严重的问题，如高校的重视力度不够，家长不认可，经费有限，场地设施不足，师资力量薄弱，学生参与积极性低下等。针对这些问题，只有有针对性地采取有效的政策，才能使这些问题得到解决，才能改善校园足球的发展现状，扭转不良的发展局面。例如，可以出台足球定点学校校长的绩效考核会受校园足球工作成效的影响等相关的政策，这样就能够促进学校领导对校园足球重视程度的增加，能够对校长的工作积极性进行有效调动。此外，针对"场地设施短缺"这一问题，需要借助现阶段我国推动公共体育服务体系建设的有利形势，对相应的政策加以制定，在城市建设规划和土地利用规划中纳入足球场地设施建设问题。具体来说，在对城市的公共体育设施进行规划时，对新学校进行建设时，投入一定的经费，建设配套的标准型或小型足球场地，以此来使校园足球发展的场地设施得到保障。

总而言之，校园足球"特区"的建立需要教育部门通过政策的形式大力支持，并与体育部门共同协调施政，通过出台文件正式规定相关扶持或特殊政策。与此同时，制度建设工作也要不断加强，细化各项政策，促进政策有效性与执行力的提高，以对利益主体（高校、教师、家长、学生等）的参与积极性进行充分的调动。

# 第三节　高校足球运动的技战术分析

## 一、高校足球运动的技术分析

### （一）传接球技术

1. 脚内侧接空中球

根据来球及时移动到位。抛物线较小的平空球应该根据临场的实际情况选择适当高度的接球点，将接球腿抬起，使脚内侧部位对准来球的方向并前迎，脚在接触球的一瞬间向后下方撤，并将球接在所需的位置上。

2. 脚背外侧接反弹球

根据来球的落点及时移动到位，支撑脚站在来球落点的侧后方，除触球部位外，其他环节均和脚背外侧接地滚球相同。

3. 脚背正面接抛物线来球

根据球的落点移动到位，脚背正面上迎下落的球，当球和脚面接触的一瞬间，接球脚和球下落的速度同步下撤，此时大腿膝关节、踝关节、脚趾都保持适度的紧张，脚尖微翘将球接到需要的地方。

4. 挺胸式接球

面对来球，两脚左右或前后开立，两膝微屈，重心置于支撑面内，上体后仰，下颌微收，两臂自然张开，维持身体平衡。接触球的瞬间，膝关节伸直，两脚蹬地，胸部轻托球的下部使球微微弹起于胸前上方。

5. 头部接球

根据球的运行路线，面对来球，用前额正面接触球的中下部，下颌微抬，两臂自然张开，提踵伸膝，触球瞬间全脚掌着地，屈膝、塌腰、缩颈，全身保持上述姿势下撤将球接在附近。

### （二）踢球技术

1. 脚背正面踢球

（1）脚背正面踢定位球

直线助跑，最后一步要稍大些。支撑脚积极着地支撑，在球的侧面 10~12 厘米处。膝关节微屈，小腿屈曲，脚尖正对出球方向。踢球腿随跑动向后摆动，支撑的同时踢球腿以髋关节为轴，大腿带动小腿由后向前摆动。当膝关节摆至接近球的正上方时，小腿做爆发式的摆动，脚趾屈，以脚背正面部位击球的后中部，击球后身体和踢球腿随球前移。

（2）脚背正面踢地滚球

直线助跑，最后一步稍大。支撑脚积极着地，踏在球的侧方约 10~15 厘米处，脚尖正对出球方向，膝微屈。同时踢球脚向后摆起，膝弯曲。在支撑脚着地的同时，以髋关节为轴，大腿带动小腿由后向前摆。当膝盖摆至接近球的垂直上方的刹那，小腿加速前摆，脚背绷直，脚趾扣紧，以脚背正面击球的后中部。踢球后，身体要有随前动作并跨出一两步。

（3）脚背正面踢体侧凌空球

根据来球，先判断好球的运行路线和确立好击球点。身体侧对出球方向，上体向支撑脚一侧倾斜。当球落到髋部高度时，踢球腿的大腿高抬，接近与地面平行。以大腿带动小腿急速挥摆，用脚背正面踢球中部。

（4）脚背正面踢反弹球

根据来球的速度和轨迹，判断好球的落点、落地时间和反弹起来的路线。身体要正对来球反弹方向，支撑脚要踏在球的侧方。当球要落地时，踢球腿的小腿急速前摆。在球刚刚反弹离地时，以脚背正面击球的后中部。

（5）脚背正面凌空踢倒勾球

根据来球的速度、运行轨迹等，选好击球点，及时移动到位。以踢球腿为起跳腿蹬地起跳，同时另一腿上摆，眼睛注视来球，身体后仰腾空。蹬地腿离地后迅速上摆的同时，另一腿则向下摆动（以相向运动来保证身体在空中的平衡），以脚背正面击球的后部。踢球后，两臂微屈，手掌向下，手指指向头部相反方向着地，屈肘，然后背、腰、臀部依次滚动式着地。

2. 脚背外侧踢球

（1）脚背外侧踢定位球

助跑、支撑脚站位和踢球腿摆动均与脚背正面踢球技术的三个环节相同，脚触球是用脚背外侧部位。要求膝关节与脚尖内转，脚背绷紧，脚趾紧屈并提膝，触（击）球后身体随踢球腿的摆动前移。

（2）脚背外侧踢地滚球

踢球的动作规格要求和踢定位球相同，但支撑脚站位时应考虑球的滚动速度，以保证在脚触球的瞬间支撑脚与球的相对位置符合规格要求。这种踢法可用于踢前方、侧前方以及正侧方和侧后方来的地滚球。

（3）脚背外侧弹踢球

摆腿以膝关节为轴的小腿爆发式弹摆为主，摆动方向为前摆、侧前摆和侧摆。击球后踢球腿迅速收回，由于这种方法踢球腿摆幅小，并且是以小腿摆动为主，所以完成动作快、突然，而且隐蔽性强，多用于快速运球中的传球。

3. 脚内侧踢球

（1）脚内侧踢定位球

直线助跑，支撑前的最后一步稍微大些。支撑脚站在球的侧面约 15 厘米处，脚尖正对着出球方向，支撑腿膝关节微屈。在支撑脚着地时，踢球腿大腿带动小腿由后向前摆动，在前摆的过程中大腿外展。当膝关节的摆动接近球的正上方时，小腿做爆发式摆动，在触球前将脚跟送出，使得脚内侧部位所形成的平面与出球方向垂直。踢球脚脚底与地面平行，脚尖微微翘起，踝关节功能性地紧张使脚型固定，触（击）球后身体跟随移动，髋关节向前送。

（2）脚内侧踢地滚球

迎球支持脚踏在预计踢球的侧方约 15 厘米处。膝盖微屈，踢球脚以髋关节为轴，稍向后摆。前摆时，膝外转，脚迅速外转 90°脚尖稍翘起，脚掌与地面平行。踢球时脚腕用力绷紧，脚内侧触球的后中部。踢球后，脚随球前摆，但不宜过大。

（3）脚内侧踢反弹球

支撑脚的站位与球的落点应保持踢定位球时的相对位置，根据来球落点及时移动到位。踢球腿摆动与踢定位球时相同。在球着地后刚弹离地面的瞬间用脚内侧击球的中部。

4. 脚跟踢球

脚跟踢球是指用脚跟接触球的一种踢球方法，其踢球力量小，但出球方向有突变性和隐蔽性。

（1）脚跟踢内侧球

踢球脚自然跨到球的前方，屈膝提腿，小腿突然而快速向后摆，脚尖翘起，用脚后跟击球前中部，将球向后踢出。

（2）脚跟踢外侧球

踢球脚先自然向前摆，当摆过支撑脚时，立即向支撑脚一侧交叉后摆，脚尖翘起，用脚后跟击球前中部，将球向后踢出。

### （三）运球技术

1. 正脚背运球

运球跑动时，上体前倾，步幅放大，运球脚提起时，膝关节弯曲，脚尖向下，以脚背正面推拨球前进。

2. 脚背内侧运球

运球跑动时，身体自然放松，步幅要小，上体前倾要稍向运球方向转动；运球脚提起时，膝关节稍弯曲，脚跟提起，踝关节外展，脚尖斜下指，用脚背内侧部位推拨球前进。

3. 脚内侧运球

运球跑动时，支撑腿向前跨出一步，落在球的侧前方，膝关节微屈，重心落在支撑脚上，上体向带球方向前倾，用运球脚内侧推拨球后中部前进。

4. 脚背外侧运球

运球跑动时，身体自然放松，上体稍前倾，两臂自然摆动，步幅不要过大；运球脚提起时，膝关节弯曲，脚跟提起，踝关节内旋，脚尖向内斜下指，用脚背外侧部位推拨球前进。

5. 运球过人

（1）加快速度强行过人。持球者突然地快速推拨球，并与快速的奔跑相结合越过对手的阻挡。

（2）用身体做掩护强行过人。当持球者接近对手时双方速度减慢，持球者侧身用身体靠住对手以另一侧脚将球拨出，同时转身将对手倚在身后并随球越过对手。

（3）变换速度运球过人。对手在持球者侧面，持球者用另一侧脚运球，利用运球速度的变化甩掉对手或越过对手。

（4）人球分路过人。利用防守者注意力集中在球上，并且认为可以触到球的心理，达到过人的目的。当防守者出脚抢球时，运球者抢先将球推到前方，运球者迅速从防守的另一侧越过去控制球。

（5）利用穿裆球过人。当运球者遇到对手从正面阻挡时，发现对手两脚之间开立较大，而且重心在两脚之间，运球者应侧身运球接近对手，抓住时机将球从对手两脚之间推过，身体也随着从防守者侧面越过并很好地控制住球。

（6）恰当地组合推、拨、挑、扣、拉、颠等动作过人。单脚或双脚轮流选用那些动作，使组合起来的动作适时地变化运球的方向和速度，使对手难于判断过人的方向和时机，或造成对手重心出现错误的移动，运球者抓住其漏洞而越过对手。

### （四） 颠球技术

1. 正脚背颠球

脚向上方摆动，用脚背击球，击球时踝关节固定，击球的下部。颠球时，两脚可交替击球，也可一只脚支撑，另一只脚连续击球。击球时用力均匀，使球始终控制在身体周围。

2. 脚内、外侧颠球

抬腿屈膝，身体重心移至支撑脚上，用脚的内侧或外侧向上摆动，击球的下部，两脚内侧或外侧交替击球，也可单脚连续击球，动作类似踢毽子。

3. 大腿颠球

抬腿屈膝，身体重心移至支撑脚上，用大腿的中前部位向上击球的下部，两腿可交替击球，也可一只脚支撑，用另一侧的大腿连续击球。

4. 肩部颠球

两臂自然下垂或微屈肘，两脚自然左右开立，身体重心移至两脚间。当球下落至接近颠球一侧肩部高度时，肩上耸，击球的下中部将球向上颠起。

5. 头部颠球

两脚开立，膝盖微屈，用前额部位连续顶球的下部。顶球时，两眼注视球，两臂自然张开，以维持身体平衡。

### （五） 无球技术

1. 起动

（1） 原地起动

原地起动指运动员在一次激烈对抗后，进入体能调整时，根据场上情况使自己身体进入下一轮的跑动中。起动时，头和肩迅速领先伸出，蹬地并跟随短小步幅跑；前几步保持低重心，用力摆动两臂。

（2） 运动中起动

运动中起动指运动员在身体处于位移的过程中（主要是在走或慢跑），根据场上情况，使自己的身体快速进入比赛节奏所要求的跑动中。起动时，随时观察场上情况，脚步处于预动状态；要用力蹬地并跟随短小步幅跑，依距离加大、加快步幅和步频。在接触对手时要保持低重心。动作过程中要自然摆动两臂。

2. 跑动

足球比赛中的"跑"，要求运动员必须随时能够起动、急跑、急停或减速，并通过扭转虚晃身体来及时改变运动方向。足球比赛中的跑需要随时改变速度和方向，必须使身体重心降低并使脚接近地面；双臂的摆动应比正常冲刺跑的幅度小，这样有助于身体平衡及敏捷地调整步法。

3. 晃动

上身侧倾及以身体垂直轴为中心的扭转便是晃动。多数晃动动作用以欺骗对手的重心向一侧移动从而失去平衡，达到突破对方防守的目的。无球状态下摆脱对手紧盯时也要和有球一样，以肩、腿、髋和臂的虚晃达到欺骗对手的目的。晃动效果在很大限度上取决于急停、起动和转身这些无球技术的熟练程度。稳定性是保证完成上身最大幅度虚晃动作的基础。若稳定性差，假动作的逼真性和多样性就会受到限制。

4. 跳跃

（1）双足跳

把身体重量均匀地分布于前脚掌，两脚基本与肩同宽，身体稍向前倾，头不要向前伸得太远，有力地向上甩臂，寻求最佳的屈膝角度以跳得更高。

（2）单足跳

起跳时起跳腿置于身体前且脚跟先着地，身体稍后倾以协助制动，起跳腿屈膝以便用力蹬地，后腿随屈膝动作摆起，同时两臂用力前上摆，力求全力向上，避免向前。

5. 保护

（1）倒地保护

倒地时不要硬撑，而要迅速团身、转体、顺势滚动，然后迅速站起。

（2）跳起落地倒地保护

落地时身体失去平衡倒地，不要用手硬撑，而要迅速屈膝、团身、转体、顺势滚动，然后迅速站起。

## 二、高校足球运动的战术分析

### （一）个人战术

个人战术包括运动员控制球时有目的地、合理地运用技术，以及无球时所采取的具有战略意义的行动。个人战术的集合可以体现球队整体战术水平的高低。因此，提高个人战术水平对决定比赛的成败有着重要意义。

1. 跑位、接应和跑空当

突然起动，摆脱身边的防守者，向无人的空位上跑动接应。假设队员 A 跑空当去接应队员 B 的传球，跑位时可能同时存在几个空位，队员 A 可根据当时情况以及防守队员的移动情况选择接应空位，可向上接应，也可向下接应。如果在跑动接应中一旦发现有同伴已跑向同一空位时，应立即变向，选择另外空位接应。

2. 交叉换位跑动

在跑动接应时，往往是一动全动。队员可根据同伴跑动的方向进行交叉换位跑动，引起对方防守混乱，达到接应的目的。

3. 防守移动

假设防守队员 B 防守有球或有接球动向的进攻队员时，防守队员 B 身边的防守同伴 A 应适当向队员 B 靠拢（靠拢时距离适当，不要太近，以免进攻队员一过全过），同时兼顾自身的防守位置。"后保前"，即居后的防守队员 A 移动保护前面的防守队员 B。"边保中"，即边路防守队员 A 移动保护中间防守队员 B。

4. 持球队员行动准则

（1）前场罚球区附近持球队员首先选择射门。

（2）前场持球者面对只有一位防守者防守而又暂无本方接应队员时，应坚决进行一打一突破射门。

（3）前场持球队员面临较多防守者而又暂无本方接应队员接应时，应将球保护好，以待本方接应、支援。

（4）任何时候、任何地点，有同伴比自己位置更好、更能获得向前或射门机会时，要坚决传球。

（5）传球时应传出使同伴更容易接住和更有利于进攻的球。

（6）向前传球时绝不横传或回传。

（7）快传时绝不延误战机。

（8）所在区域防守队员密集时应长传转移，能直接传球或直接射门时，尽量不调整传球射门，要主动迎球接球，尽快接触球，绝不等球。

（二）局部战术

局部战术是指场地范围不大、参与人数不多的攻、防配合行动。局部战术既是整体攻、防战术的基础，在某些时候也是直接解决战斗的重要手段。如在比赛中，仅 2~3 人的配合就可直接破门得分的战例举不胜举。局部战术融个人能力、意识以及与同伴协同作战于一体。能熟练掌握局部战术，那么对较大范围的以至于整体战术则可触类旁通。显然，局部战术训练在整个战术训练中占有极其重要的地位。

1. 二人进攻配合战术

（1）斜线二过一战术

进攻队员 A 持球逼近防守队员 C，进攻同伴队员 B 选择好接应地点（地点应是两名进攻队员和防守队员之间有一定的角度的位置，使之有传球通道），并接 A 的传球。A 传球后突然起动快速绕过防守队员 C 的位置，接进攻队员 B 的传球。一般来讲，队员 B 接队员 A 的球后应不停球，直接传给进攻队员 A，以争取时间使队员 A 达到突破的目的。

（2）直线二过一战术

进攻队员 A 传球给同伴 B 后，突然起动快速斜插防守队员 C 的身后，接队员 B 的直传球。

2. 三人进攻配合战术

（1）连续二过一战术

进攻队员 A 与队员 B 配合完成"二过一"战术后，再与接应队员 C 连续进行"二过一"配合。

（2）踢墙间接二过一战术

进攻队员 A 将球传给做"墙"的进攻队员 B，队员 B 以"墙"的反弹原理将球回碰给进攻队员 C，队员 C 将球传给隐蔽插上的队员 A，即达到突破的目的。应注意的是队员 A 将球传给队员 B 时，力量不要太轻，以便队员 B 借助来球力量能将球回碰给队员 C 另外，队员 C 的传球应根据当时情况采用多种方法，如将球搓过头顶或传弧线球等。

## （三）整体攻、防战术

整体攻、防战术是指为达到共同目的，全队应采取的基本方法、路线、对策等。它代表着整体的意志，无论局部发生任何变化，最终都应遵循既定的方法、路线和对策。整体攻、防战术水平对实现攻防总战略有着重要的影响。

1. 边路进攻战术

（1）边线强攻战术

进攻由后场推进中场后，将球传到对方边后卫身后，由边锋发挥速度的优势，强行突破对方防线，接球后快速下底传中，中间进攻队员即时包抄进行攻门。也可由边锋接球后，运用过人突破技术强行突破、下底传中。边线强攻战术多用于 4—3—3 阵形。

（2）边后卫助攻战术

当本方进攻时，边路进攻队员有意识地向中间移动，牵制对方防守队员也向中间移动，留出边路通道，让边后卫即时插上助攻。由于边后卫肩负重要的防守任务，所以助攻时必须选择时机。边后卫助攻时机一般是本方控球时且控球队员已观察到边后卫的动向（通常称"对脸"）和有传出球的可能性，同时该边路其他队员已有意识地向中间移动，此时是边后卫插上助攻的最好时机。边后卫助攻有两种情况：一是助攻至中前场，接球后采用45°角的斜传高吊，由前场接应队员进行冲击；另一种是助攻下底传中，由中间队员包抄冲击。

2. 中路进攻战术

（1）渗透进攻战术

进攻时，由攻方队员运用传球、运球过人以及局部战术的"二过一""间接二过一"等战术，向对方防线层层渗透，最后达到射门的目的。中路进攻应与边路进攻结合起来，使对方防线拉开，出现较大空隙，以利于本方的传、接配合。在渗透进攻的基础上，前锋队员不要急于向前挺进，可有意向回策应，留出身后的纵深距离，使后排队员插上进攻。应注意的是，插上队员和传球队员都要在传球、跑动的时机、距离、时间上保持高度的默契，否则将会造成越位或过早地引起防守队员的注意而及时后撤，结果功亏一篑。

（2）反击进攻战术

①快速反击。无论在何场区、何地点，一旦取得控球权就立即以最快速度进行反击。如对方球员的传球被本方队员 A 截得后快速传向队员 B，队员 B 传球给接应队员 C，队员 C 再传球给快速插上的队员 D，队员 D 传中，由队员 E 插上射门。

②长传反击。当对方队员传球被本方队员在后场截得后，不需经过中场队员过渡，可经过 1~2 次传递或直接长传给处在第一线的前锋队员 B，由队员 B 直接射门或传中射门。

（3）防守反击战术

当对方控球时，本方带有战略性地在后场以重兵防守，一旦对方进攻失误，本方取得控球权时，立即迅速组织反击进攻，反击的形式与"快速反击"和"长传反击"基本相同。

（4）造越位战术

当对方进攻时，在进攻队员向前传球的一瞬间，防守方后防线上的球员有指挥地统一前压，使进攻队员在本方队员传球时已处于越位位置。应注意必须全体人员行动统一，否则一旦造越位失败，将带来无法补救的失误。造越位战术一般由处于防线最后的自由中卫进行统一指挥。

# 第四节　高校足球运动队的训练实践

## 一、高校足球运动队的训练原则

### （一）自觉性、积极性原则

高校足球运动队训练，属于大学课余运动训练的一种形式。学生参加足球队训练的动因，完全来自他们对足球运动的爱好和兴趣。他们都来自高知识的大学生群体，具有较高的文化水平，同时他们勤于思考、好动脑筋，具有较好的理解能力和理性思维。因此，在训练中教练员应通过各种措施与方法，引导和启发队员积极思考训练与比赛中出现的各种问题，培养他们对足球训练与比赛研究的兴趣，充分调动他们的训练积极性与自觉性。这是搞好高校足球训练非常重要的原则。

### （二）系统性原则

系统性原则，是根据人们对事物的认知规律、运动技能形成规律以及人体生理机能活动变化规律提出的。足球运动训练之所以要强调系统性原则，主要是由足球运动的项目特点所决定。足球技术动作多、难度大，需要长时间磨炼才能掌握，全队的战术打法，足球意识的形成，都是在长期系统训练中获得的。所谓系统性原则，是指在长期的训练过程中应围绕一个总体目标的要求，将各阶段的训练任务、内容、指标等系统衔接起来，并通过长期的训练逐步达到总体目标的要求。在进行高校足球运动队的训练中贯彻系统性原则应注意：

（1）要认真研究足球运动的发展趋势，确立好足球运动队训练的总体目标。

（2）要根据足球比赛的规律和运动技能形成规律，制定出切实可行的训练计划，使各阶段、各周期、各次训练课的任务、内容、指标系统的紧密衔接好。

（3）要坚持长期系统的进行训练，充分利用好寒暑假、双休日、早操和课余活动时间进行训练，使训练时间不间断，保持训练的连续性，注意科学安排运动量和运动强度。

### （三）周期性原则

周期性原则是根据竞技状态形成规律，按照比赛要求、本地气候特点和学生学习的安排，将训练的时间划分为不同的周期组织训练。每一个周期不是前一个周期简单地重复，它是在前一个周期训练基础上，进一步巩固和提高队员全面的竞技能力，使全队技战术水平逐个周期不断提高。一般训练周期可划分为准备期、竞赛期和休整期。贯彻周期性原则应注意：

（1）根据学校教学规律，结合每学期学生的学习情况合理安排训练周期。

（2）在划分训练周期时，准备期可尽量安排在每学期初，时间可长些，以便进行基础训练为竞赛期做好充分准备。

（3）竞赛期的安排应为适应比赛而进行，以提高足球运动队的整体技战术水平为主，使每一个队员都能以充沛的体力和旺盛的斗志投入到每一场比赛中去。认真打好每一场比赛，完成预定的比赛任务。

（4）每一个周期结束时，要进行认真总结，找出问题与不足，为制定下一周期的训练目标、任务、内容、指标与要求提供依据。

### （四）一般训练与专项训练相结合的原则

一般训练目的是增进健康，促进身体形态、机能和身体素质的全面发展。而专项训练是提高专项素质，掌握专项技战术技能和培养战术意识。两者紧密结合，既是足球运动训练的需要，又是贯彻高校"健康第一"的学校体育工作指导思想的要求。在贯彻中应注意：

（1）要根据足球运动训练的特点，在各不同周期中有所侧重，合理安排两者训练的比重。

（2）在选择训练内容和手段上，即要考虑促进队员身体形态、机能素质的全面发展，又要有利于掌握提高专项技术技能。只有两者的紧密结合才能提高训练的效果。

（3）注意训练方法的多样性、灵活性和实效性，体现以练为主、以赛促练的指导训练思想。

### （五）适宜负荷原则

适宜负荷原则是指教练员根据运动员现实可能，在足球训练过程中给予相应的负荷度。它是通过训练时间、动作次数、运动密度、强度和完成动作的质量好坏等因素控制。在训练中控制好适宜的负荷也是教练员训练水平的体现之一。贯彻适宜负荷原则应注意：

（1）在训练中要按照队员的训练水平确定适宜的运动负荷，采用循序渐进的方法增加运动量，使之逐步达到训练指标的要求。

（2）采用大、中、小相结合的负荷周期，合理安排和调控运动量。

（3）正确处理好动作数量与质量、密度与强度、训练与休息的关系。保证运动员机体能得到充分的恢复和超量恢复，合理安排训练时间，提高训练效果。

## 二、高校足球运动队的训练计划

### （一）多年训练计划（长远规划）

多年训练计划是对一支球队或运动员长期训练的一种规划，它应具有框架的特点和长远性。对高校足球运动队而言，一般规划的时间以 3 至 4 年为适宜。具体基本内容应包括：指导思想、总体目标、技术指标、球队的基本战术打法与风格的预想设计、队员的新老交替等。

### （二）学年训练计划（全年训练计划）

学年训练计划应以多年训练规划为依据，它是多年训练计划中的部分任务指标在本学年的具体落实与计划。学年训练计划是一种承上启下的中间计划。一般可包括以下几个部分：

第一部分：制定计划的主要依据。如球队的组成情况分析，本学年度的主要比赛任务。

第二部分：本学年度训练的任务与要求。如预定比赛成绩的名次任务，队员的技术技能与体能的指标以及思想教育等要求。

第三部分：完成本学年度训练任务和要求的具体措施。如制度措施、训练保证措施、物质和其他方面的保证措施等。

第四部分：全学年度训练的时期划分。学年度训练的时期划分，一般可按上、下两学期的时间把全年分为两个周期。也可根据具体的比赛任务来划分一个周期内的具体内容。将每个周期分为以下三个时期：

准备期：它的主要任务是为参加比赛而进行全面的准备。使队员在思想、技术、战术、专项身体素质、意志品质等方面逐渐达到参加比赛的要求。使全队在比赛战术上初步形成较稳定的打法与战术风格，使全队的每个队员在临赛前处于良好的竞技状态。在三个时期中这一时期占的时间比重较大。

比赛期：主要任务是继续提高全队的整体技战术水平，以充沛的体力和旺盛的斗志投入到每一场比赛中去。认真打好每一场比赛，完成预定的比赛成绩。这个时期的训练，应根据比赛日程合理安排，训练重点应围绕比赛实际来进行。

休整期：是一个时间较短的训练时期，主要任务是认真总结整个训练周期内的训练和比赛工作。总结成绩找出存在问题，为改进今后的训练提供依据。在训练的内容安排上应尽量灵活多变，运动量要减小，达到积极性休息调整的目的，以便更好地投入下一周期的训练。

### （三）学期训练计划（阶段训练计划）

学期训练计划是根据学年计划中各时期任务、内容、负荷变化的要求，结合本学期的具体任务和具体情况来制定。它是最具体的计划，时间一般以 3~6 个月为宜。但在内容安排、训练手段措施的运用、训练负荷的控制等，较学年计划应更具体、更详细。在制定学期训练计划时一定要考虑学校工作的特点，符合学校教学时间安排规律。在期末考试的复习期间，要适当调整运动负荷、减少训练次数，而在寒暑假则要抓紧训练的大好时机。

### （四）周训练计划

周训练计划是一周训练工作的具体安排。它应详细具体地列出本周内的主要训练任务，每天训练的内容、训练重点以及采取的主要训练手段和具体措施。它还应列出在本周训练中的训练负荷、身体训练、技术训练、战术训练和比赛内容的具体比重。它是制定课时训练计划的依据。

### （五）课时训练计划

课时训练计划是组织一次课的具体工作文件，同时也是上好一次训练课的保证。它应明确、合理的安排本次训练的任务、内容、组织形式、练习步骤与要求，同时也应科学的控制一次训练的身体负荷运动强度练习密度指标。

## 三、高校足球运动队的技战术训练

### （一）足球技战术训练的目标

足球运动技战术训练目标就是运动员通过科学的技战术训练方法，掌握先进的足球运动技战术知识，使自己具备全面的足球运动技战术运用能力。在足球运动中，技术训练的具体目标是运动员通过训练全面地掌握足球的传接球、踢球、运球以及假动作等技术，并能够在足球比赛中进行充分的发挥。而战术训练的具体目标则是运动员通过战术知识学习与实践训练，理解自己在足球阵容中的位置意义和作用，并在比赛中能够充分发挥自己在整个足球战术阵容中的作用。

### （二）足球技战术训练的方法

1. 重复训练法

重复训练法的特点是练习条件相对固定，不改变运动负荷的外部数据，有充分的间歇时间。一般在足球的基本技术、定位球战术和身体训练中采用较多。

2. 间歇训练法

这是目前在国际足坛上较为流行的一种训练方法，它不仅用于发展运动员的速度耐力，而且也常用于发展运动员的技战术能力。通常把发展身体素质与提高技战术水平有机地结合起来，进行综合训练，这样既能激发运动员的练习热情，提高训练积极性，又能达到多功能的训练目的。

3. 模拟训练法

足球训练中通常采用的一种训练方法。应用在大赛前，根据比赛对手的特点和比赛环境情况，进行有针对性的模拟训练，目的是使运动员尽快适应未来比赛的环境和对手的情况。

4. 比赛训练法

在足球比赛中，可根据需要确定比赛时间长短、场地大小、替换人数多少，如在比赛中发现问题，教练员可随时暂停比赛，进行具体指导，使比赛中出现的问题，在比赛中就能得到纠正。

## 四、高校足球运动队的体能训练

### （一）力量素质训练

1. 颈部、上肢和肩背力量训练

（1）两手扶头，在颈部转动时给予抵抗力。

（2）俯卧撑。俯卧撑向侧、前跳移，双杠双臂屈伸，单杠引体向上。

（3）重叠俯卧撑。甲保持俯卧姿势，乙在甲的背上做俯卧撑，或者甲、乙二人同时做俯卧撑。

（4）两人面对坐地，两腿分开，抛、传实心球或足球。

（5）推小车。甲俯卧，两臂伸直。乙两手抬起甲的两脚，甲用两手向前"行走"。

2. 腰腹力量训练

（1）仰卧起坐、仰卧举腿、仰卧快速屈体。

（2）侧卧做体侧屈、俯卧做体后屈。

（3）仰卧，两脚夹球离地 15~20 厘米，以腰为圆心画圆。

（4）展腹跳。爆发起跳并充分展腹，向后屈膝，两手尽可能地触脚跟。

（5）跳起空中转体或收腹用力顶球。

3. 腿部力量训练

（1）跳跃练习：

①连续向前并腿或单腿跳。

②单腿或双腿起跳摸高或用头触球。

③立定跳远、多级跳远、蛙跳、助跑跳远。

④利用不同高度的凳子、桌子或专设的跳台依次做连续的跳深练习。

（2）向前后连续快摆大、小腿。腿上可绑沙袋。

（3）远距离传球和大力射门练习。

（4）斗鸡。相互用大腿撞或挑、压对方大腿，用肩冲撞对方或闪躲对方撞击。以将对方撞击成两脚着地者为胜。

（5）蛙跳足球：分成两组，每组 6 人练习。每人练习 6 次。每球间隔 1.5 米。要求双腿蛙跳过足球，跳完后放松走回队尾，依次循环。

（6）背人接力。全队分成两组成纵队站在起点，听到"预备"口令时，一人将另一人背起，教练员手势后起跑，跑过对面的标志后交换背人，跑回起点时拍第二组同伴的手后第二组再跑。依次做完，最先跑到的一组为胜。

（7）小腿负重踢球。要求在不影响正确动作规格的前提下尽力踢球。

（二）速度素质训练

1. 各种姿势起跑（10~30 米）

起跑的姿势主要有蹲踞式、站立式、侧身站立、背向站立、坐地、坐地转身、俯卧、仰卧、滚翻后、原地跳跃（模仿跳起顶球动作）等。练习宜采用视、听信号（如手势、抛球、哨音、掌声等）。

2. 突然起动练习（5~10 米）

突然起动练习采用视、听信号（如手势、抛球、哨音、掌声等），并要在各种情况下进行，主要包括小步跑、慢跑、高抬腿跑、侧身跑、颠球、顶球、传接球等情况。

3. 位移速度提高练习

（1）60 米、80 米、100 米的全速跑、加速跑，提高位移速度。

（2）利用快速小步跑、高抬腿跑、顺风跑、下坡跑和牵引跑等练习，促使运动者突破"速度障碍"，提高位移速度。

4. 快跑练习

（1）在快跑中看教练员的手势、抛球等信号，做急停、转身、变向、跳跃和翻滚等动作。

（2）做全速运球跑、变速运球跑、变向运球跑等练习。

（3）在长约 20 米的距离内，设置不同距离间隔和有方向变化的标杆或锥体，让队员以尽可能快的速度做绕杆跑，发展队员绕晃对手的快跑能力。

5. 爆发力练习

采用后蹬跑、单腿侧蹬跳、短距离转身跑、各种追逐球跑等，发展爆发力。

6. 抢球游戏

全队分为两排，相距 20 米，面对站立，在中间 10 米处划一条线，每隔 2 米放一球，队员依次面对球站好。当教练员发出信号后，双方快速跑抢球。球抢得多的一方为胜。

7. 追球射门

队员两人一组，可分为若干组在中圈外的中线两侧站好，利用两球门同时练习。球集中于中圈教练员脚下，当教练员将球向一个球门方向踢出并同时发出口令时，两翼队员快速起动追球射门。要求未拿到球的队员必须紧追持球队员，并在持球队员射门后仍前跑至球门线处，以利于发展速度和加强补门意识。


（三）灵敏素质训练

1. 一般灵敏素质的训练

（1）交叉步前进或后退练习，前、后交叉加侧出步侧向移动练习。

（2）各种跑的练习。如快速后退跑、转身跑、快速跑动中看手势改变方向、快速连续绕障碍跑等。

（3）各种滚翻与起动跑。队员分散站开，听一声长哨做前滚翻，听一声短哨做后滚翻，听掌声起动跑，教练员可不断变换信号。

（4）喊号追人。将练习者分成若干组，每组若干人，分别坐在中圈内，教练员喊某一编号，各组该号队员沿中圈快跑，以最快返回自己位置者为胜。

（5）躲闪摸杆。防守队员站于杆前，进攻队员用虚晃动作骗取防守队员的重心偏离，然后超过防守队员用手摸杆。

（6）两人冲撞躲闪。两人一组，在慢跑中试图冲撞对手，对手应尽可能运用躲闪，避免被撞。

（7）多种动作过障碍。在场地一区域设若干障碍物，要求队员做跳、滚翻、爬、跑等多种动作并尽可能快地完成练习。

2. 专项灵敏素质训练

（1）身体各部位（12个部位）颠球及各种挑反弹球的练习。

（2）自己将球踢向身后，迅速向前绕过障碍折回接反弹球。

（3）一个人用两个球快速连续对墙踢。

（4）带球跑。每人一球做带球跑，在运球中做各种虚晃、拨挑、颠要、起动、回扣等动作。

（5）虚晃摆脱。三人一组，一人传球，一人盯防，一人利用左右虚晃动作突然摆脱盯防者或利用前跑反向要球。传球者与接球者相距5米左右，盯人者紧逼接球者，三人轮换职能。练习中接球者要注重动作的突然性和身体在各种姿势下的控制力。

**（四）耐力素质训练**

1. 有氧耐力训练

（1）12分钟跑。

（2）100~200米间歇跑，400~800米变速跑。

（3）3 000米、5 000米、8 000米、10 000米等不同距离的定时跑或越野跑。

2. 无氧耐力训练

（1）重复多次的30~60米冲刺跑。

（2）100~400米高强度的反复跑和做1~2分钟极限练习。

（3）原地快速跳绳，30秒钟×10次，60秒钟×5次（每次间歇30~60秒钟）。

（4）进行5米、10米、15米、20米、25米折返跑练习。

（5）往返冲刺传球。队员甲往返冲刺在限制线之间（间距10米），在限制线附近回传乙、丙分别传来的球，乙、丙离限制线约5米。

（6）编组练习。内容可以是折线快跑20米—仰卧屈体5次—冲刺10米—突停转身铲球—向左右做旋风腿各1次—快跑中跳起头顶球3次—冲刺射门两次—三级蛙跳。

（7）规定时间做不同人数的传抢练习。

# 第七章　高校体育文化建设的延伸

高校体育文化建设，除了其自身建设之外，还需要向周围进行延伸和拓展。同高校体育产生联系的体育形式有很多，且各有特点。本章就从家庭体育、社区体育和其他社会体育文化的角度来对高校体育文化建设的延伸与拓展进行研究。

## 第一节　家庭体育文化

### 一、家庭体育文化的特征

家庭的特征主要是从家庭的结构和家庭生命周期两个方面来体现的，家庭结构简单来讲就是指家庭的构成，既包括代际结构，也包括人口结构，并且是二者组合起来的统一体。而家庭生命周期反映的则是一个家庭从形成到解体呈循环运动过程的范畴。通过这两个方面，家庭体育文化的特征具体体现在以下几点。

#### （一）普遍性与群众性

人们在闲暇时间内，参与体育活动的一个重要选择就是家庭体育。在对我国全面健身体系进行构建的过程中，家庭体育文化所发挥的作用极大，它能够将自身独特的优势发挥出来，动员所有家庭成员，最终实现每家每户参与到全面健身活动中，其他体育形式无法达到这样的广泛性。健身活动与亲情力量的融合在家庭体育中特别明显，因此家庭体育这一体育形式表现出强烈的亲和力。在当今社会，人们越来越重视健康运动，而家庭体育无疑成为一种最重要的手段和方法，最具普遍性和群众性。

### （二）内容丰富、形式灵活

家庭体育是人们日常生活中的一种活动，家庭成员可以在余暇时间自由进行锻炼，自我欣赏，其内容多姿多样、丰富多彩。常见的家庭体育活动内容主要有晨练。晚间散步，休息日户外活动、各类运动项目的健身活动和健身游戏，老年人的广场舞，儿童的体育游戏等，可见家庭体育文化的内容是丰富多彩的。

由于家庭体育是一种群众性体育行为，是以家庭为单位的，因此家庭体育活动对每个家庭而言都能够独立举办，可见家庭体育的独立性与自主性较强。家庭成员能够对自身的业余时间充分加以利用，以科学合理的体育运动方式，有目的、有计划地对其他家庭成员都感兴趣的或都擅长的体育活动进行参与，促进家庭成员闲暇生活的丰富，使家庭成员的体育需求得到满足。

### （三）时间自由

家庭体育是一种比较自由的体育活动形式，这种自由首先表现在时间选择的灵活性上。家庭体育可以选择在余暇中任何时间来进行，完全受家庭以及个人的自由支配。例如，一个家庭的体育活动既可以利用节假日休息的时间来进行，又可以在每天下班的时间安排一些比较简单、利于放松的体育活动。

### （四）场地随意

家庭体育的开展对场地与器材没有很高的要求，因此场地器材对其的限制性很小，可见其随意性很强。庭院、家庭周围空地、野外等任何场所都可以举办家庭体育活动，从而使公共体育场地设施的不足得以弥补。例如，锻炼者能够因地制宜地举办家庭活动，将自己家里的庭院和周围的空地充分利用起来，这样不但能够健身，而且能够使体育锻炼场地缺乏的问题得以解决，而且对社区体育活动的开展也较为有利，对我国全民健身具有良好的影响和作用。

## 二、家庭体育文化的功能

### （一）一般功能

家庭体育的一般功能主要包括个体功能和社会功能两个方面。

1. 个体功能

家庭体育的个体功能主要表现在以下几点。

（1）强身健体。

（2）提高生活质量。

（3）促进智力发展：从事家庭体育活动可以既可以增强人的体质，奠定人的智力发展的良好物质基础，同时还可以在体育锻炼的过程中磨炼人的意志，有利于优良的意志品质的养成。

（4）培养人良好道德品质。

2. 社会功能

（1）增强社会凝聚力。

（2）有助于社会物质文明与精神文明建设。

（3）能够更好地促进社会的和谐发展。

### （二）特殊功能

家庭体育的特殊功能表现在以下几个方面。

（1）能够形成健康的生活方式。

（2）丰富人们业余生活的内容。

（3）有利于家庭的和睦。

（4）有利于推动全民健身，促进终身体育的发展。

## 三、家庭体育文化的建设现状

### （一）家庭体育人口结构与体育设施现状

体育人口是指在一定时期一定地域里，经常从事身体锻炼与娱乐，接受体育教育，参加运动竞赛，以及其他与体育事业有密切关系的具有统计意义的一种社会群体。体育人口是衡量一个国家社会经济发展和社会体育发展水平的重要指标。

尽管我国体育的体育人口数量在不断增加，但是经常参加锻炼的人数与国外相比却远远不及，我国还有待加强对体育锻炼的宣传，促进体育人口的增加。

体育人口与个人经济收入并没有固定的关系，其与家庭收入有关，且基本呈正比关系，也就是说收入越高，体育人口就越多。在体育人口的分布上，三口或四口的核心家庭，体育人口分布最多。

随着广大人民群众对体育健身需求的日益增长，与之相应的则是体育设施的改善。近年来，我国体育场地与设施都在不断增加，社会体育指导员的规模也日益壮大，这些都说明，体育人口和体育设施的发展状况在一定程度上反映了我国家庭体育的普及情况。

### （二）家庭体育的项目选择现状

家庭体育运动项目是家庭体育锻炼的主要内容，它是人们进行身体锻炼和身体娱乐的手段，并可以反映出人们运动行为的选择倾向。改革开放以来，随着社会经济的发展，在主旋律基础上的多元化文化选择，不仅影响着人们的思想观念和行为方式，同时也影响着人们的体育活动，使之在家庭运动项目的选择上呈现出传统与现代并举，健身与娱乐同行，商贸旅游与体育联姻的新局面。

家庭体育在项目的选择上受到多方面的影响，如不同地域、不同气候．不同的民族和文化传统、不同的经济发展水平等。一般来说，南方和北方不同、少数民族与汉族不同、落后地区与发达地区不同。但是总体上来说，我国家庭体育活动内容还是相当的广泛，几乎囊括了所有的体育及休闲项目。

从具体项目的选择上来看，我国家庭体育的活动内容呈现出多样化的发展现状。乒、羽、网等小球类以及田径类等是我国居民从事家庭体育活动的主要内容。这是因为乒乓球、羽毛球等小球类项目所需场地要求不高且方便，田径类的项目不需要很大的经济投资，而且不需要专用场地，既方便又实惠。

从项目性质上来看，家庭体育的主要内容也多样化，主要包括：休闲与观赏活动；户外体育与娱乐活动；肌肉的力量性锻炼方法；有氧运动的耐力性锻炼方法；伸展运动的灵巧性锻炼方法；医疗体育及运动处方；营养保健与心理卫生知识；家庭健身器械等。

### （三）家庭体育活动时间与空间现状

人们生活的时间结构主要由三部分组成，即工作时间、余暇时间和生理必需时间。对余暇时间的支配是对一个人的爱好、兴趣以及生活规律和生活方式等方面的反映，同时又反映了社会的物质文明与精神文明程度。

一般来说，家庭体育的活动时间都是在余暇时间进行的，因此余暇时间是人们参与家庭体育活动的保证。家庭体育锻炼与工作压力大，生活节奏快有一定的关系。

家庭体育的活动空间主要指家庭成员进行各种体育活动时所占据的空间位置和必不可少的活动场所。体育活动的空间分为自然空间和人造空间。自然空间包括山川、江河湖海、高空等；而人造空间则主要包括家庭居室以及体育场馆设施和公园广场等。受经济条件的制约，我国公共体育设施、人均体育场馆占地面积相对较少。家庭成员进行体育活动主要是在自家的居室周围和体育场馆中进行。

随着我国"双休日"以及节假日制度的实行，家庭体育开始由人造空间走向自然空间，户外体育运动成为人们生活消遣的一种方式。高山、湖海、草原、丛林等成为人们户外运动的首选。

### (四) 家庭体育形式现状

任何集体性质的活动都需要一种组织，同样，体育活动也需要对参与者进行组织。作为一个社会机构或国家机构，这种组织是需要对人力、物力、财力等方面做出投入的；而家庭则凭借其天然的关系能随时根据不同情况和需要组织家庭成员进行体育活动。

家庭内的体育组织形式与家庭的结构有一定的关系。通常情况下，三口之家的核心家庭多是全家一起去活动；单亲家庭成员多是父（母）和子（女）一起活动；而联合家庭全家一起活动的情况很少见。除此之外，在家庭与外部的联系中，与同事、朋友一起活动最多，其次是与家庭成员一起活动。

人们在日常家庭生活中与家庭成员接触多，关系密切，这为体育进入家庭创造了良好的内部条件。人们在生活中渴望与家人一起活动，但在具体的体育实践中却存在着诸多因素导致家庭成员不能如自己所期望的那样在一起活动，这些因素主要有社会因素、家庭因素、个人因素等。所以，总体来看，首先个人在从事体育活动中占据很大的比重；其次是和朋友，同事一起活动；最后才是和家人一起活动。

## 四、家庭体育文化的建设路径

### (一) 培养学生的体育爱好

家庭不仅是学生的第一个教育环境，也是伴随学校教育的另外一个教育环境。在入学前，学生在家庭的教育环境中成长，学生入学以后还是家庭的成员，仍然没有脱离家庭的教育环境。家庭生活的一点一滴对学生的个性发展、兴趣爱好的形成起着关键性作用，其对体育兴趣的培养也不例外。首先，家庭具有体育锻炼的物质条件，如计算机、电视、报刊，这些是体育信息资源的主要来源。其次，具有各种运动器材，如篮球、排球、羽毛球、足球、象棋、围棋、飞镖、滑冰鞋、滑板、跳绳等。当然，根据不同家庭的经济条件、体育兴趣爱好，这些运动设施的数量、种类是不尽相同的。最后，家庭具有体育技术指导者--父母，学生在没有入学前，父母是学生最早的"体育教师"，和校园体育文化一样，父母在家庭体育文化建设中起到主导作用。在学校，使用过这些设备和受过相关体育技术训练的学生，比没有接触过体育的学生更容易进入学习状态，并且能够很好地掌握学习内容。毋庸置疑，家庭体育文化对校园体育文化建设起到了基础性作用。

### （二）加强家庭体育文化意识培养

有许多家长对孩子的教育"重文轻武"，只注重孩子的文化成绩的好坏，而对孩子是否参加体育活动漠不关心，这对孩子的健康成长是非常不利的，因此，要加强家庭体育文化意识培养。首先，要在家庭确立"健康第一"的思想，这与学校体育教育实现对学生运动参与、运动技能、身体健康、心理健康的"健康第一"指导思想是统一的。其次，学校与家庭互动，加强交流。学校可以以调查表的形式了解孩子在家的锻炼情况，根据调查结果向家长介绍一些孩子锻炼的方法，同时组织家长观看学校的体育活动，邀请家长参加学校组织的交流活动，学校与家长保持积极的交流，鼓励家长为学校体育文化建设出点子、想办法，建立学生家庭体育活动档案，督促学生长期有规律地进行体育锻炼。

### （三）创设家庭体育文化氛围

现在的许多家长肯为家庭购买运动器材，却对孩子参加体育锻炼不够重视。失去了家长的督促、鼓励和协助，孩子参加体育锻炼的积极性肯定不高。因此，为了使自己身体健康，为了给孩子树立良好的榜样，首先，家长应该积极参加体育锻炼，营造家庭体育文化氛围。其次，家长应该鼓励孩子进行体育锻炼。一个浓厚的家庭体育文化氛围不仅有利于家庭的和睦交流，也有利于学生对体育爱好的形成。

# 第二节　社区体育文化

## 一、体育与社区文化的关系

随着城市的不断发展，社区文化建设受到了人们的一致关注和了解，也逐步成为社会体育的主要组成形式。体育文化是社区文化的重要组成部分，有着非常大的象征意义，并且当前我国非常重视和谐社区的建设，因此社区文化中的体育文化越来越受到重视，当前，很多体育学者从不同的角度来对社区体育文化进行了解，并将社区文化建设与新时期的体育发展联系在一起。因此，人们也应对社区体育与社会经济、文化的发展进行分析和探索，并深入了解如何促进社区体育文化建设，分析增强社区居民的身体素质社区体育与社会主义精神文明建设的关系、社区体育和体育文化素养，并对新时期体育发展的本质要求和核社会化、产业化发展道路进行探索。

### （一）体育在社区文化中的作用和功能

1. 整合导向功能

社区整合，主要是指整个社区中的所有趋势，都有一种共同的取向，人们在其中有一种参与感、认同感，并且社区中的每种互相依赖关系，都能够突破文化、经济、地域的阻碍，在社会中发生非常重要的作用，共同为构建和谐社区而做出努力。社区整合主要包括四个方面，即文化整合、规范整合、参与整合和功能整合。由于当前社区中居民的构成比较复杂，人们的生长背景、家庭环境、文化背景、工作环境、生活方式、风俗习惯，都有着明显的区别，使得人与人之间有着一定的沟壑，如果缺乏有效的沟通方式，将使得社区中居民的界限非常明显，无法进行有效的互动和沟通。而在社区中以体育活动为载体，能够充分发挥体育运动的作用，让人们的价值观、文化等进行整合，从而能够有效对社区中的矛盾和冲突进行调整，使得人们能够通过体育活动找到自己在社区中的位置，并且能够在社区中找到自己和群体之间的互动准则，从而能够使得社区关系更加融洽，使社区中的居民都能够按照同样的行为模式和轨道来进行活动，从而能够使文明得以延续和发展，体现社区体育文化的整合功能。

2. 心理凝聚功能

心理凝聚，是指在社会系统中，通过心理的力量，能够将每个个体凝聚起来，使其成为一个整体。这种心理凝聚的力量，并不是一种生物的力量，是超越了生理力量的一种黏合剂。社区体育文化就是这样的一种黏合剂，能够用微妙的方式，来对人们的思想感情进行沟通，从而能够使人们的生活方式和道德情操得以沟通和延续，使得人们的群体意识得以激发，最终使得人们的心理能够凝聚在一起。并且，随着城市化进程的逐步推进，城市规模不断扩张，人们的生活空间也不断增大，越来越多的人选择走出社区，走人更加广阔的空间中来进行活动。在社区中开展体育健身活动和体育娱乐活动，能够将人们紧闭的心门打开，使得人们能够融合在社区这一个群体中，从而使得人们的情感有了能够依附的存在。因此，社区体育文化的这种心理凝聚功能，能够更好地对社区氛围进行融合。

### 3. 社会沟通功能

社区体育，不仅仅具备促进人际交往的功能，还能够促进社区与社区、社区与社会之间的沟通和交流。社区体育是社区居民间相互联络、增进感情、加深了解、沟通关系的纽带和桥梁。不过，自从信息技术得到了发展，人们之间的互动大部分通过网络来进行，足不出户就能够解决生活中的大部分问题，不过，这种方式使得人们在进行社区生活体验的时候，一般采用的是一种被动的方式，使得人们无法与大自然、与外界进行联系，从而人际关系也不断淡化，社会交往逐步建设。通过各种丰富体育活动的开展，能够让社区与社区之间进行融合，人们能够走出室内，走入室外，使得人们的交往空间得以加大，从而能够创造一种更加融洽的范同，使得人与人之间、社区与社区之间、社区与社会之间的联系更加紧密。

### 4. 行为规范功能

社区文化体现在社区居民的价值取向、道德评价与感情色彩中，它一旦产生并被社区居民认同，便会对社区居民产生影响，规范他们的行为。当社区体育文化的力量把广大成员的思想和行为统一到实现共同目标上时，就会对背离目标的思想、行为便产生了约束。这种约束机制和力量来自社区体育文化本身。因为社区体育文化一经形成，就具有一种"体育文化定式"，使人们自然而然地按照一定的行为模式去思维和行动，而有悖于这一行为模式的思维和行为就会与此格格不入。以社区体育文化建设促进社区和谐发展的目的，在于减少对居民的外在约束，增强居民自我约束、自我控制的能力。这种规范功能所涵盖的范围有些是法律约束所难以达到和不可替代的。

### 5. 协调发展功能

改革是对社会各个层面利益的调整，必然会引发一些新的社会矛盾，而社区往往是这类矛盾和摩擦相对集中的地方。社区体育的调节作用，可以使这些矛盾得到缓解，以实现保持社会稳定、促进社会和谐的目的。社区体育的调节作用强调的是人的自觉调节和自我调节。社区体育要求社区体育管理者尊重人、关心人、爱护人，协调好各方关系，通过丰富多彩的文化娱乐活动和深入细致的思想政治工作，沟通社区管理者与居民之间、居民与居民之间的感情，缓解或消除各种矛盾和不利因素，形成和谐的人际关系。

### （二）社区文化对于体育的促进作用

1. 城市社区文化的复合形态促进社区体育向小型化形式发展

城市社区文化由原来的初级形态逐渐向复合形态发展，即城市社区文化的发展模式由政府推动为主向着由市场推动为主、政府推动为辅的方向发展。市场力量的发展和现代技术文明的发展，使广大人民群众获得更多的"自由支配性收入"与"自由支配性时间"，扩大了"自由活动空间"。市场的力量打破了国家对社会生活的全面垄断，也使个人和社会各种力量有可能进入过去由身份制、单位制、行政制等体制所控制与管理的空间，如文化、体育、艺术等过去极具敏感性的领域。特别是近几年来，城市化进程的加快和城市的大规模开发，城市的社区景观文化有了质的改变。在这种情况下，出现了两个较为突出的现象：一是居民生活的"小区"化现象和随之产生的一系列小区生活服务配套问题；二是社区精神文明建设采用以建设"文明小区"为重点的工作路线，以小区为单位的精神文明正在深入，强化了小区文化和小区组织结构。为了适应社区发展的需要，社区体育组织结构也将从"街道"向"小区"层次转化。

2. 社区文化活动组织形式的改变促进小区体育组织结构的变革

社区是个地域性的小社会，由于社区居民的个人经历、文化教养、情趣爱好各不相同，其审美格调也大相径庭。非组织化的文化活动很可能造成格调低下的结局，组织化的社区文化活动能够抑制自由放任式的发展，引导它提高层次，但过度组织化的文化活动会造成社区文化本质属性的丧失。同时，行政组织化的社区文化活动也有一个经费的限制问题。政府部门组织社区文化体育活动受到限制。这种发展模式相对忽视了城市社区自治组织的建设，使得社区文化建设的发展步伐相对缓慢而且难以适应新形势的发展需要。社区体育涵盖在社区文化之中，鉴于这种形势下，社区体育的发展也不再完全依靠政府，而是更多地动员社会各方面的力量，促进社会体育事业的发展。同样，小区体育行政管理机构使过去的包办体育向主管体育发展，逐步将主办权转给小区体育组织，突出小区体育组织在开展小区体育运动中的主导作用。小区体育组织利用小区内体育资源、依靠组织成员的力量、自我经营、自我管理、自我服务，加快体育社会化的进程，全面实施全民健身计划的目标。

3. 信息化对小区体育建设起到促进作用

随着互联网技术的发展，信息化正在走进城市社区、进入千家万户。社区体育与网络日趋密切的关系，不仅是社区群体的体育生活方式发生深刻的变化，而且为社区体育建设提供了巨大的发展空间和平台，在促进社区体育文化创建活动中也发挥着重要的作用。当前有许多小区已经实行信息化管理，其中有很大一部分小区已经建立了自己的网站，在服务小区体育建设中起到了积极的作用，并使小区居民与网络的关系日趋密切，生活方式正在发生潜在的变化。居民在小区信息化建设中表现出较强的参与意识，网络文化在一定程度上改变着小区居民的生活方式，而体育文化作为网络文化的重要组成部分已经随着信息和互联网在小区群体中的深入，成为小区居民闲暇生活中的一个重要选择和主流趋势，成为生活中不可缺少的一个组成部分。

## 二、社区体育文化的结构、特征与功能分析

### （一）社区体育文化的结构

社区体育文化产生于社区这一特定环境中，它是人在体育实践中创造的精神财富和物质财富的总和。作为社区文化的亚文化，社区体育文化就是社区居民的体育生活方式，有着极其丰富的内涵和外延。从这个意义上讲，可以将社区体育文化定义为：社区居民通过参与体育活动，并在体育活动中创造的能够体现居民价值观的体育意识、体育态度和体育方式的总和。

1. 社区体育文化的物质文化层

社区居民通过体育活动改造的自然环境和在体育活动中创造的一切物质财富，都属于社区体育文化的物质文化层，它包括：社区的体育文化设施、体育活动场所、居民的各种健身用品、运动装备等，其特点是可被人感知，是物质实体。特别是《全民健身计划纲要》实施以来，在政府的大力支持下，一些先进、科学、简便、实用的健身仪器进入社区，极大地提高了社区人民锻炼的主动性、自觉性和积极性，形成了具有中国特色的健身路径，极大地促进和推动了社区体育和社区体育文化的发展。这些物质形态的社区体育文化的存在，深刻体现了社区体育文化的特色，也见证和记录了我国社区体育文化发展的历史和进程。

2. 社区体育文化的制度文化层

人类为了服务自己，又约束自身，在创造物质财富的同时，也建立起了各种社会规范，这些社会规范隶属于文化的制度文化层面。社区体育文化的制度文化是在社区体育活动中建立起来的一系列的制度规范，如组织制度、组织原则、运动方法、使用说明、行为规范等，其中既包括社区居民在体育活动中必须遵循的、行之有效的规章制度，也包括能够体现当地特色的体育风俗习惯等，是社区体育价值的外在体现。

3. 社区体育文化的行为文化层

行为文化是人们在日常生产生活中表现出来的特定行为方式和行为结果的积淀，这种行为方式是人们的所作所为的具体表现，体现着人们的价值观念取向，受制度的约束和导向。行为文化在时间上是传承的，在空间上是散播的，它集中反映了居民从事体育实践的模式和方式。关于社区体育文化的研究和探索，就是体育文化行为文化的体现。

4. 社区体育文化的心态文化层

如果站在心理学的角度来审视社区体育文化这一特殊的现象，居民在体育实践中培养、形成的价值观、审美观、生活态度、伦理道德等，可以把它们归为社区体育文化的心态文化层面，它是社区体育文化的最核心部分，也是社区体育文化的最活跃因素。因为它植根于社区居民的内心，影响着社区居民体育生活的形成和发展，决定着社区体育文化的其他三个层面。以上四个层面，各具特点，又相辅相成，不可分割，共同构成了社区体育文化的全部，又影响着社区体育文化的发展。

### (二) 社区体育文化的特征

1. 共享性和公益性

社区体育是社区服务的组成部分。社区服务是面向居民的便民利民服务，面向社区的公益性服务。社区体育要求面向全体社区成员，仅仅依靠政府是不能满足人民群众的多层次、多样化的需求，要通过多方渠道获得所缺失的体育物品，以不断满足居民对体育的需求。社区体育文化由社区居民创造，同时，社区居民也是社区体育文化成果的受益者和维护者。居民在体育实践中锻炼身体，愉悦身心，在体育实践中切磋与交流，在互相帮助中营造了良好的社区氛围。一般而言，社区体育活动开展好的社区，居民间的交流、互助机会越多，社区的凝聚力也越强。

2. 地域性和余暇性

社区是一个相对独立的地域性社会，因此，社区体育文化不免会受到社区所处的地理位置、居民、风俗习惯等因素的影响，并且形成具有当地特色的文化，并且这种特色会随着时间的推移和文化的积累愈加丰富和鲜明，在我国不同于地域的社区都呈现出不同特色的体育文化。社区体育不是工作和劳动，它是居民在工作、学习、生产劳动等劳作之余可以自由支配的时间里从事的一种活动，是一种休闲和放松。

3. 多样性和灵活性

社区居民的体育需求千差万别、多种多样，决定了社区体育文化的多样性和灵活性，只有因时、因地、因人而异，提供丰富多彩的体育活动形式、设施、内容，才能满足居民不同的体育需求。社区体育文化允许社区居民依据自己的喜好来选择体育文化的内容和形式，在活动过程中，将娱乐与审美融为一体。实践证明，社区体育文化的多样性和灵活性与社区的发展密切相关。

### （三）社区体育文化的功能

1. 提升居民文化素养，促进社区精神文明建设

因社区体育具有参与主体的广泛性、活动形式的多样性和活动内容的趣味性等特点，吸引着广大社区居民积极参与其中，通过体育参与，加强了之间的交流与沟通，并逐渐形成了较为一致的价值观、审美观、体育道德、体育思想和生活方式等，提高了居民整体的文化素养，形成良好的社区风气，促进了社区文化建设。加强社区体育文化建设，有利于居民建立共同意识，促进社区的繁荣稳定。因此，社区体育文化是提高居民文化素养，促进精神文明建设的有力杠杆之一。

2. 改善居民生活质量，创造良好生活方式

社区体育活动作为一种极具吸引力的有益的休闲活动，吸引了众多的居民参与其中，在一定程度上丰富了居民的业余文化生活，抵制了不健康生活内容的侵蚀，形成了科学、健康、文明的生活方式，提高了居民的生活质量。

3. 加强居民人际交往，维护社会稳定

在社区体育文化活动过程中，社区居民之间、社区内的各类体育组之间加强了相互间的联系和了解，增进了感情的交流，社区体育文化成了社区内沟通关系的纽带。当前，随着工作、生活节奏的日益加快，人际间的交往趋于淡化。而在人们工作之余，社区体育文化以其灵活性、多样性、方便性、群体性等特点，吸引社区居民自觉、主动参与其中，在一种和谐、轻松、愉快的氛围内，加强了社区居民的人际交往，同时对维护整个社会的安全、稳定也起到一定的积极作用。

## 三、社区体育文化发展的模式构建

### （一）社区体育文化发展的小区模式

1. 社区辐射型体育组织模式

我国社区体育发展之初，社区体育的主导形式受国家体育体制发展的影响，采取的是行政管理制，社区体育发展的行政管理模式的建立也是一种必

然，在这种行政主导性的体育组织系统中，便于小区不同层次的体育活动能够广泛的开展，同时控制活动规模，从而形成行政主导的社区体育组织，并呈现出辐射型的组织结构。该模式有着运用行政管理体系特征，在组织结构上主要表现为多层次的体育组织特征，就长期来看，随着我国住宅小区的建设和规范，以行政为主导的社区体育组织管理体制在未来必然会向着更加民主化、以社区居民为主导的方向发展。

2. 社区网络状体育组织模式

随着社区体育的不断发展，居民在社区体育中的地位越来越高，并成为社区体育组织的主要"领导者"，这一时期，多为民间、行政共建体育组织，构建社团主导型的体育组织系统。

在原有的社区行政主导的基础上，社区体育的体育物质基础设施不断改善，同时，基层体育部门的主要职责是在社区体育的发展中给予指导和财政援助，社区组织的发展更多地依靠社区居民自建，在行政指导和居民自建的基础上，形成了网络状的组织结构。该社区体育组织模式具有采用社团组织管理体系的特征，社区行政给予人力、物力、财力支持。

3. 社区独立体育组织模式

现阶段，我国社区体育组织中，居民的组织和领导地位进一步上升，逐渐发展成为由居民自由结合而成立的社区俱乐部组织，呈现出独立型的组织结构。这一阶段，社区体育的主要任务是构建会员制俱乐部组织，采用自主管理，以独立经营的俱乐部模式为特征，社区行政管理的权利进一步弱化，主要从体育政策、法规角度进行宏观调控。

### （二）社区体育文化发展的学区模式

1. 学区模式的特点

学区体育是现阶段面向社会开放学校体育资源，实现社会与学校体育资源共享的一种新型社区体育形式。

社区体育发展的学区模式不以行政区域为划分标准，而是围绕学校（一个或数个）为中心，向周边社区辐射，以学校为主要活动场所，以居民和学生为体育参与对象，依托学校丰富的体育资源开展丰富多彩的体育活动。

社会体育文化发展的学区模式的构建，可以实现学校和社区各种体育资源的共享，以营造良好的校园与社区体育文化氛围，二者相互促进，共同发展。

2. 学区模式的构建基础

从实际的发展现状来看，在社区体育文化发展的学区模式建立中也存在着诸多问题需要解决。例如，学校体育资源对包括社区居民的社会大众的开放，由于责、权、利不清，服务对象与管理办法不明确等，导致学校体育设施器材的使用频率大幅增加，维护难度也相应增加，同时，管理上也大大增加了校方的负担。

学校体育资源、体育管理的开放，加强其与社区的联系，同社区成为一个整体。必须充分考虑学校自身的教育活动的正常开展、体育资源损耗、体育运动安全以及学生安全管理等多方面的因素，只有将这些问题都合理协调地解决之后，才能促进社区体育文化发展的学区模式的顺利建立。

当前，建立社区体育文化发展的学区体育模式，必须做好以下几个方面的工作。

（1）以学校为中心进行学区范围的划分，与校方保持联系共同商议建立学区体育模式。

（2）成立学校体育设施对外开放管理委员会，以便对体育设施对外开放使用进行管理。

（3）学校联系社区通过举办各种体育辅导班来吸引社区居民的积极参与，从而提高健身水平。

（4）社区积极寻找学区体育志愿者来对学区居民的体育活动进行有机的辅导工作。

（5）学校与社区共同开展体育竞赛，制订好活动计划，在各个层次上都进行竞赛。

（6）定期举办社区青少年学生和家长协同参加的社区体育活动或竞赛，激发居民参与社区体育的热情。

### （三）社区体育文化发展的俱乐部模式

1. 体育俱乐部模式的特点

社区体育俱乐部发展模式的特色在于与本社区的具体实际相结合，能最大限度地充分利用本社区的体育设施资源、最大限度地调动本社区居民参与社区体育的积极性和主动性，使社区形成一个良好的体育锻炼氛围。

2. 体育俱乐部模式的构建背景

随着社会经济的不断发展，现代人越来越注重健康、注重追求高质量的生活，日常健身成为现代人生活中不可缺少的一部分内容。社区体育健身逐渐不能满足人们的日常健身需要，于是，更多的人开始走进健身俱乐部，去接受专业的健身指导并利用更完善的健身设施来开展健身活动，在这样的背景下，社区体育俱乐部将成为社区体育发展的主要模式之一。

# 第三节 其他社会体育文化

## 一、农村体育文化

农村体育是体育文化的一个重要组成部分,它又是体育文化的亚文化。它是由人们居住的地理环境、经济生产方式和社会生活方式以及历史文化传统所决定的一种体育文化。农村体育文化是世世代代农民共同创造的一种物质和精神财富,是农民赖以生存和发展的一种物质和精神基础,也是农民的体育文化水平、思想观念以及在漫长的体育文化实践中形成并积淀下来的认知方式、思维模式、价值观念、情感状态、处世态度、人生追求、生活方式等深层心理结构,它所表达的是农民心灵的世界、人格特征以及文明开化程度。因此,农村体育文化是指生活在农村区域的人群在从事体育活动相关的物质生产和精神生产的过程中所形成的具有浓厚地域特色的基础设施、价值观念、心态、精神、风俗习惯和道德规范等的总和。

### (一) 农村体育文化的特点

农村体育文化作为一种农村特定的文化形式,它是社会文化的一个重要组成部分,它既有社会文化的一般性质和主要特点,既具有时代性、民族性、区域性、历史传承性和相对独立性外,也具有体育活动的特征。它以体为本,身心并重,不拘形式,重在参与,易于交流。由于农民在生产方式、生活环境和生活习惯等方面,农村体育文化形成和生长的环境、背景的特殊性,使其具有区别于城市体育文化的一些特点。

1. 不确定性

农村体育健身活动带有明显的随意性和季节性,农村体育活动的开展易受生产活动、体育意识及观念、健身条件等限制,因而农村体育健身活动的随意性较强,特别是个体的零散的活动。另外受生产活动的影响较大,带有明显的季节性特点。在农忙季节体育活动较少,至多是结合劳动和休息时间进行,只有在农闲季节或隆重节日,体育活动才具有广泛的社会性和群众性,此时,也是促使各项体育健身活动延续和发展起来的良好时机。

## 2. 传统性

从历史角度看，我国农民的体育活动具有悠久的历史，在农村一些地方和少数民族地区，很早就有了武术、摔跤、射箭、马术、赛龙舟和荡秋千等民间体育健身活动和比赛，而且在活动内容与形式上丰富多彩，广大农民群众一般是根据自己的具体情况随意选择所喜欢的活动内容，既可以以个人为单位、也可以以群体为单位参加，因人而异、因时因地制宜。农村开展的体育活动内容多带有浓厚的乡土气息，有明显的文化继承特点，如南方农村开展的龙舟竞渡、舞狮，北方农村开展的踩高跷、闹社火、舞龙、扭秧歌等文化内涵深厚，普及面广，我国少数民族地区的体育活动内容就更丰富多彩，经过长年的筛选和提炼，许多优秀体育健身、娱乐项目一直延续到今天，具有鲜明的传统性和民族性。

## 3. 不平衡性

农村体育文化的不平衡性不仅体现在不同区域的体育文化差异上，从现阶段看，由于农村经济发展的不平衡，导致农村体育健身活动开展也存在着不平衡性，尤其是在居住分散的偏远地区差距较大，存在着民族差距与东西差距。需要指出的是，这种不平衡性还体现在我国一些地区体育文化建设明显落后于经济的快速发展，表现在重视与引导不够，体育场地、器材较匮乏，农民参加体育活动存在无人组织或无处可去的现象，致使文化体育等健康文明的生活方式没有进入农民的生活中。

## 4. 封闭性

在中国传统农业社会，村落是农民的生活和活动的基本范围。加之我国地形复杂，山川、河流、盆地的广泛分布和交通工具的落后，农民很少有社会流动。在这种相对封闭的社会环境中形成的农村体育文化，不可避免地带有很强的封闭性，即使在现代社会，农村与城市之间由于体育文化氛围、自然环境、现实条件的限制等因素，城乡体育文化互动并不频繁。农村体育文化在现代化浪潮的冲击下虽然有所变化，但其固有的封闭性并没有得到根本改观。同时，农村体育文化对于外来体育文化有着本能的排斥和拒绝，其体育文化容纳度和吸收性较低。就理想状态而言，体育文化的变迁应该与社会的发展相适应。但在历史实践中，非平衡、非系统化的社会与体育文化变迁屡见不鲜。此即所谓的"体育文化脱序"。由于农村体育文化缺少与其他文化的接触、交流和融合，使得浸淫其中的人们（主要是农民）的思想观念、社会体育心理、体育生活态度等惰性较大、变化缓慢，其狭隘的小农意识根深蒂固。同时，在经济相对落后地区，农村自身的封闭性和守旧性使其难以接受、容纳、融合其他先进文化，并且农民自身求安稳、短视野和封建愚昧的心理使其体育文化难免带有严重的落后性。

5. 边缘性

一般说来，体育文化大体上属于人类超越自然的创造物，是历史积淀的类本质对象化，是文明成果中那些历经社会变迁和历史沉浮而难以磨灭的、稳定的、深层的、无形的东西。长期以来以小农生产方式为基础的意识形态、道德意识、风俗习惯、行为方式等深深浸染着中国农民的心灵世界。自 19 世纪开始而绵延至今的现代化历程，使得中国农村体育文化的外部形态开始裂变、分化，但与强调效率意识、公平意识、民主意识、平等意识、成就意识为精神核心的城市体育文化相比，农村体育文化显然不适应体育市场经济的发展。在以工业化、都市化、市场化为推动力的现代化和全球化浪潮下，农村体育文化因其保守性而被边缘化。固然，农村体育文化的边缘性的形成是其地理环境、经济基础、历史传统、族际关系、生活方式等因素使然，但更重要的是在工业革命的推动和现代大众传媒的影响下，以创新、进取、理性、开放等为主要表征的城市强势体育文化的侵袭迫使农村体育文化日趋边缘化并处于弱势地位。

### （二）农村体育文化建设的作用

1. 促进农村文化建设的凝聚力

体育文化的凝聚作用首先表现在对人民群众精神方面的凝聚力上。高水平的比赛或表演，通过广播、电视、报刊等文化传播媒介往往吸引着亿万听众、观众的注意力，有时会使其达到废寝忘食的地步。体育文化的这种凝聚力在某些情况下会超过宣传、组织手段，甚至物质上的吸引力。其次体育文化的凝聚力表现在能使一个国家、一个民族或一个地区在成为一个由具有共同的价值观、理想追求的人凝聚起来的整体。使成千上万的人在同一时间处在同一种精神状态下。这种凝聚力是任何力量都无法比拟的，即使在战争情况下，由于政治观点和政治立场不同，对战争的态度和看法也会有分歧。但是。体育比赛通过体育文化的传播，却会使运动队在国家或地区的观众形成同一观点，在农村文化建设中可以利用这种凝聚力，通过举行各种各样体育运动、收看体育节目和体育赛事来宣传农村文化建设知识。

2. 加强人际交往，促进农村文化的交流

在现代社会生活中，人际交往是个体适应社会生活，相互交流，共同进步的基本途径，也是个体完善发展的重要途径。有许多农民虽然掌握了一定的科学文化知识，比较系统的专业技能，但由于他们缺乏人际交往这样的平台，专业知识和科学技能不能相互交流，不但个人的知识和能力不能更好地完善，而且也不利于科学知识的传播。体育文化作为农村社会文化的一部分，为农民提供了各种交流的机会和场合，使他们在各种机会中加强了人与人之间的交流和交往，增进他们的相互了解和知识的相互交流与相互提高，从而促进各种科学知识和农业技术的交流、改善、提高。进而促进农村文化建设。

3. 净化农村文化环境、促进农村文化繁荣

我国农村体育文化之所以如此千姿百态、异彩纷呈，是农民在长期的生产劳动和社会生活中形成并积淀下来的具有农村地方特色的文化，它是人与自然和谐、完美结合的结果，是人与人和睦相处，共建和谐社会最好的验证，例如龙舟竞渡，它最早是以纪念诗人屈原为目的，从农村地区发展而来的一个竞技项目，它参赛的人数多，便于培养团结协作、奋力拼搏的集体主义精神，加强人与人之间的交流了解，增进友谊，它的趣味性和观赏性大，可以强身健体，陶冶情操，还可以借此进行爱国主义教育，增强民族向心力和凝聚力，在春节、元宵节等农闲时节，大张旗鼓地开展农民所喜闻乐见的文化体育活动，举办各种不同形式、不同内容的农民运动会、民族风情节，使农村文化建设在内容和形式上呈现多层面的发展，可以促进农村社会文化更加繁荣。在社会主义新农村中，体育文化将成为农民生活方式的重要组成部分，把农民从单调贫乏、枯燥无味的农村文化生活中解脱出来、让先富起来的农民，不仅自己参与健康、文明、高雅的体育文化活动，还要引导他们参与策划、投资农村体育文化建设与体育产业的建设，形成多种层次、多种形式和多种所有制体育文化的局面，创造一个以商养文、以文活商、文商互补的新路，使农村农民真正享受体育文化带来的乐趣，感悟生命的意蕴和人生价值，体验人际关系和谐带来的满足，建立乐观豁达的生活态度和激发积极向上的生活热情，从这一意义上看，农村体育文化的价值正是在全面建设社会主义新农村，创造绚丽多彩的农村文化生活中显现出来的。

## 二、企业体育文化

### （一）企业体育文化的开展形式

在企业中开展丰富的体育活动，将体育活动渗透到企业文化中，已经成为很多企业的共同认知。但是如何正确开展企业体育文化活动，各个企业的想法不同，开展形式不同，也将达到不同的效果。具体来说，可以将活动分为提高员工综合身体素质的素质锻炼、培养员工竞技精神的竞技体育比赛、促进团队协作的友谊赛、放松员工身心的体育休闲活动等。

1. 晨会

晨会是企业文化的重要组成部分，是指利用上班前的 5-10 分钟时间，全体员工集合一起，互相问候，交流信息和安排工作的一种管理方式。展会是人员点到，活动发表，作业指导，生产总结，唤起注意，培训教育，信息交流的场所；有利于团队精神建设。能养成良好精神面貌、培养全员文明礼貌、提高干部自身水平、提高工作布置效率、养成遵守规定的效果，大部分企业晨会都采取宣读企业文化、主管训话等方式来开展会。如果在晨会上适当增加一些体育训练的内容，就能够使员工在清晨唤醒自己的身体和各项感官，活跃筋骨，从而实现头脑上到身体上的畅通。因此，在开展展会的时候，可以增加企业舞蹈、小游戏、做广播体操、简单队列训练等活动，使员工紧张的身体舒缓下来。例如，有的企业在每天上班之前利用 5 分钟的时间，带领全体员工做《第八套广播体操》，使员工在舒展、跳跃的过程中，得到身体素质的提升。

2. 培养员工竞技精神的竞技体育比赛

为了丰富企业职工的业余生活，进一步推动体育活动开展，带动体育活动的风气，增强企业凝聚力，也给同事们展示自我的舞台，企业可以定期开展员工内部的竞技体育比赛活动。让有体育特长的员工报名参加各类活动，展示自我的体育风采，使其他同事也能够在观赏的过程中得到精神上的熏陶，体现出企业"我运动、我快乐"的宗旨。例如，企业可以在每年举办乒乓球大赛。乒乓球是我国的国球，并且占用场地比较少，操作比较简便，大多在室内进行，不管是在晴朗的天气还是在阴雨天气里都可以进行比赛。员工可以自己报名，也可以内部进行推举。参与乒乓球比赛的员工，都应获得一定的物质奖励，在乒乓球比赛中取得优秀成绩的员工，应予以更高的物质奖励，从而鼓励更多的员工都加入企业的竞技体育比赛中，赛出自我，赛出风采。

3. 促进团队协作的友谊赛

企业体育文化中的友谊赛，既可以是各个部门之间的比赛，也可以是企业其他企业的比赛，主要采取团队的方式进行比赛，尽可能使团队中的每个人都与进来，共同为团队的荣誉而努力，从而实现团队凝聚力的提升。在友谊赛的举办过程中，也能够促进各个部门、各个企业之间的相互交流，使员工更加熟悉彼此兴趣爱好和性格特征，从而在日后的工作中能够配合更加默契。例如，企业可联合另一家企业，开展友谊足球赛活动，选拔企业中的优秀人员作为足球比赛选手，其他同事作为足球比赛拉拉队，共同为企业的荣誉而奉献出自己的热情，在比赛过程中，企业人员与另一个企业的人员进行了体育上的交流，本着"友谊第一，比赛第二"的原则，在比赛过程中注重对足球技巧的交流，在运动中赛出革命般的战友感情，从而在日后的工作中能够焕发出更大的团队凝聚力，使企业体育文化达到应有的效果。

4. 放松员工身心的体育休闲活动

体育休闲活动是当前企业中采用最广泛的一种形式。不仅能够舒缓员工在平日工作中积累的疲劳，释放员工内心的压力，还能够使员工的身体素质慢慢得到提升。与同事共同进行体育休闲活动，也能够加深员工之间的互相了解，给员工之间搭建沟通与协作的平台。企业可以利用空闲时间，组织员工进行登山、户外徒步、钓鱼等休闲活动，采用比较舒缓的方式，让员工的身心都能够得到放松，在繁忙的工作中找到生活的乐趣，提高员工的身心健康。

### （二）企业文化与体育文化整合的策略

1. 提炼企业的核心价值观，提升文化的凝聚力

价值观是企业体育文化的首要问题，也是体育文化和企业文化整合的重要内容。近年来，很多企业注重在日常工作中创新文体活动理念，确保文体活动人本化，坚持科学发展观"以人为本"的核心理念，提出"员工身心双健康"体育文化活动的基本方法，开展以促进身体健康和精神健康为核心的各项体育活动，很好地将企业体育文化与员工需求结合起来。因此，价值观的整合与确定要综合考虑员工、股东以及社会的要求，要正确、明晰、科学，具有鲜明的个性特征，要体现企业的宗旨、管理战略和发展方向。为此，企业应根据自身的特点和经营环境，进行核心价值观的设计定位，要切实调查本组织员工对企业价值观的认可程度，要发挥员工的创造精神，认真听取员工的各种意见，并经过自上而下、自下而上的多次反复，认真筛选出符合企业特点的核心价值观。

2. 宣传企业体育文化，增强文化的吸引力

企业要利用一切宣传媒体和舆论工具，创造浓厚的文化氛围，宣传企业形象、企业理念等企业体育文化的精要。要根据文体活动的新方向、新思路，积极营造活动好氛围，将理念文化、制度文化等抽象概念转换为具体符号，通过大众媒体、宣传板、秩序册等手段来实现。包括体育每个运动项目的名称、标志、职工的运动服装、宣传口号、体育用品、体育器材设备等；全力创新文体活动的组织形式，鼓励和支持基层承办为主，以行政部的指导和监督为辅，以各个部门为单元来举办活动，提供经费，使文体活动深深植根于基层。积极建设活动硬环境，如很多企业就非常注重硬件建设，建立了职工体育馆、健身馆、瑜伽室、棋牌室、篮球场、羽毛球场、乒乓球场等活动场所，并结合企业职工的特点，以文化化和科学化为重要依据，全力推动企业体育文化建设，吸引广大企业员工自觉地加入体育健身活动当中。

3. 建立相应的规章制度，强化文化的塑造力

文化的整合，不仅要宣传，而且要有必要的制度保障，防止变成空洞的说教。因此，在企业中要建立和完善各种制度，尤其要建立严格的奖惩制度与之相配套，这对于塑造和实现企业价值观具有重要的保障作用。很多企业都加强了基础体育组织建设，并且结合本单位实际，制定职工体育发展目标、规划和年度计划，采取切实可行的措施，认真组织实施。经过不断整章建制，形成了一套健全完善的组织机构，逐步成立和健全了企业体育协会，下设足球、篮球、排球、羽毛球、田径等各种单项协会。

## 三、城市体育文化

### （一）城市体育文化的形式创新

城市体育文化形式主要是指体育文化发生、表达以及传播的载体，是展现城市体育文化内涵的方式。创新城市体育文化需要立足于传统，体现时代特征，推陈出新。

1. 竞技体育大众化。

以往竞技体育是一项专业运动，普通百姓很少涉足。随着生活水平的提高，普通人逐渐参与到竞技体育中，感受运动带来的快乐。在 2006 年，上海举办的第十三届运动会就为竞技体育大众化提供了很好的模式，体现了"大体育"理念，这届运动会中出现了钓鱼、跳绳、龙舟以及拔河等大众化运动项目，促使竞技体育运动会成了大众参与的运行会。

2. 贵族体育平民化。

随着社会和经济的发展，人们生活质量的提高，对于普通人来说高尔夫、网球、滑雪、赛车等"贵族运动"不再"遥不可及"，这些"贵族运动"也以新的形势逐渐走入"寻常百姓家"。比如小型室内高尔夫，就是在十几平米的独立空间中通过机器设备来模拟高尔夫球场，人们可以通过打高尔夫球将球打到可以感应的屏幕上，屏幕上就会显现出对应的球的落地距离。

3. 健身知识网络化

城市体育文化是一个系统的整体，主要包括体育文化活动、体育健身以及保健等。现阶段网络发展迅速，信息丰富，受到现代人的普遍认可，所以可以将网络作为城市体育文化的载体，利用网络传播和宣传体育文化，比如在城市网站或者论坛中可以组织体育活动、围绕相关的体育主题来开展相关的讨论，或者设立专门的体育保健栏目，定期向人们介绍体育活动中的各种注意事项，

既丰富了人们关于体育文化的认知，也将加强体育锻炼的重要性普及给更多的群众。

4. 群众健身周期化

"全民健身"计划与"奥运争光"计划一样，是由国家主持开展，鼓励全民参与的一项体育健身计划，可提高劳动者的综合素质，鼓励人们建立健康的生活方式，将群众体育和竞技体育相结合，有利于推进社会主义物质文明和精神文明建设。实际生活中全民健身活动随处可见，比如各地的建设节、建设周、建设月等都是周期性的全民健身活动，有时候甚至不需要组织，人们都会主动出来锻炼，像是近年来流行的广场舞，都是城市体育文化活动作用于人们印象观念的积极表现。

**（二）城市体育文化发展的路径**

1. 认清城市体育文化发展现实基础，规范组织管理，更好地履行政府职能

西方许多发达国家长期以来注重大众体育的发展，对大众体育的基本原则、基本制度与行政制度，都以法律条款来控制、监督与调节，并建立了一系列的配套法规。如大众体育组织形式，场地规划管理、活动内容和经费筹集等。在新的历史时期，我国应广泛吸收国外大众体育发展过程中的政策法规和先进经验。根据我国当前的国情，认清大众体育发展的现实基础，积极探索建立政府主导，社会、社团、协会共同参与的工作机制，充分发挥各级体育总会的作用。在具体实施过程中，各级体育管理部门应把工作精力放在公共服务政策的制定上，加强政府相关部门之间的协调，建立健全全民健身工作协调机制和工作责任制，对有关部门承担的全民健身工作进行监督。坚持城市体育以社区为重点，完善全民健身组织网络和队伍建设，加快群众体育社会化进程。

首先，群众性体育比赛是宣扬城市体育文化的基石，地方各级政府根据实际情况，在本区域内积极开展突出大众性、民族性、趣味性、科学性的群众性体育比赛；其次，政府部门鼓励公共体育设施在节假日向公众免费或优惠开放，并提供相关健身指导服务，注重深入开展全民健身活动，并制定相关行动计划，创造优质的健身环境。一些城市正是围绕群众性比赛和创造优质健身环境来为中心开展各项体育文化活动。如上海制定了人人运动行动计划，并列入上海建设健康城市的总目标。行动计划倡导市民做到"六个一"，即：参加一个体育组织（健身俱乐部、体育团队等）；学会一项基本的运动锻炼项目；每星期有一次以上体育锻炼；每年参与一次社区体育比赛活动（社区健身大会、全民健身节等）；每年现场观看一次体育比赛；每年接受一次健康体质测试。

政府部门拓宽体育场地设施建设的资金投入渠道，完善公共体育场馆向公众开放的政策，实现各类健身场地资源由群众共享。通过这些丰富多彩的体育活动，广大群众积极参与其中，彼此之间身心愉悦，以体育文化活动为载体，树立了崇高的生活目标。也正是这些形式多样的活动，让不同的社会群体间交流和合作更加和谐，推动了整个社会的安定团结。

2. 繁荣体育文化产业，优化城市经济结构，促进城市社会生产力发展

在西方发达国家，人们以"永远的朝阳产业"来称赞体育文化产业，体育产业已成为国民经济新的增长点，并将发展成为重要的支柱产业，国外一些经济学家、社会学家则大胆预言：体育文化产业将成为世界四大产业之一。近年来，国家充分认识到体育产业在经济、社会发展中的重要地位和作用，由于其良好的外部环境，作为文化产业的重要构成因素，城市体育文化产业得到了迅猛的发展。体育文化产业不仅自身能直接为城市经济创造巨大的收益，而且能发生连锁反应，强劲拉动一系列相关产业乃至"无关"产业的发展，体育文化产业与旅游、信息、服装和器材生产等行业交叉，形成许多相关产业，诸如体育广告业、体育旅游业、体育用品业、体育博彩业等等。同时，体育文化活动的参与率的提高，将有利于工业生产率的提高，作为新兴的第三产业，体育文化产业及相关产业还可以扩大内需、增加城市的就业机会，为拓宽社会就业的渠道提供了更多的机遇。体育文化产业对优化城市的经济结构。改善经济的发展质量，促进城市社会生产力的发展、增加就业机会等诸多方面都会产生重大的影响。① 繁荣体育文化产业，一方面，要利用经济发展提供的丰富的物质基础，为广大人民群众尽可能提供充实的体育用品、体育服务和参与体育的机会，创造优质的体育健身条件和环境，使广大群众个体的体育需求得到满足，使人的全面发展得以实现；另一方面，政府相关部门要动员广大群众积极参与各项体育活动，提高对体育文化产品的消费能力和消费水平，促进体育文化产品的多样化，高品质化，促进体育文化产业的良性发展。

3. 打造城市景观体育，引入国际高水平竞技赛事，塑造文明与开放的人文环境

举办国际大型比赛，可以提高城市在举办大型国际体育赛事中的能力和水平，提升城市的国际知名度，更重要的是提高本城市竞技体育水平，促进城市的体育文化建设进程，为群众体育的发展创造一种良好的氛围。世界上很多著名的城市积极加入不同类型、举世闻名的各项赛事中，以此来吸引了全世界人们的目光。如环法自行车赛、达喀尔拉力赛、沃尔沃帆船赛、ATP 网球大师

---

① 邹玉华. 论体育在城市文化中的建设与发展 [J]. 体育世界（学术版），2008（9）.

赛、FI 世界方程式赛等作为国际知名赛事。这些城市通过举办高水平、国际性的比赛，一方面通过提升城市知名度来促进经济、环境的快速发展；另一方面，通过承办大型运动会宣扬体育人文精神，使城市不断得到体育人文的滋润，营造相互协作、相互尊重、努力拼搏的人文景观，给城市注入鲜活生机，给主办城市留下一笔丰厚的文化遗产。我国许多城市积极承办各种不同形式的大型国际赛事，深刻感受和认识到竞技体育文化对社会的积极影响。近几年，上海举办了 F1 比赛和 NBA 季前赛、网球大师赛等一系列大型国际比赛，通过举办重大体育比赛为契机，发挥体育在提升上海城市形象和完善城市功能方面的作用，把城市综合竞争力提高和重大体育比赛的举办有机地结合在一起，其良好的互动效应已经引起国内外媒体的关注[①]。举办重大比赛已经成为世界了解上海的重要窗口之一，它对于上海的城市服务功能的提升，城市管理水平和市民综合素质的提高具有积极的推动作用。可以说，是否有能力举办国际水准的大型赛事可以反映出一个城市的文明和开放程度。

---

① 项贤林 . 举办重大比赛对上海城市体育综合竞争力的影响 [J]. 都市文化研究，2005（12）.

# 第八章 新时期体育文化的传播与发展研究

党的十一届三中全会的方针指引中国社会主义建设进入新的历史时期，也给体育文化多样性发展带来了新的转机。进入新时期以来，中国开放性逐渐增强，经济发展更上一层楼，信息技术不断进步，综合国力不断增强，这些都为体育文化的传播提供了更为优质的条件，也进一步促进了中国体育文化的全球化与产业化。

## 第一节 体育文化传播的主要内容

### 一、体育哲学与体育科学

体育哲学是体育特有的训练、比赛活动、处理人际关系等全部工作行为的方法论原则。它是体育文化的思想基础，是体育进行总体设计、总体信息选择的综合方法，是体育一切行为的逻辑起点。从方法论上看，体育哲学直接导向着教练员、运动员和一切工作人员的思想行为。这种导向作用从两种基本形式中表现出来：一是直接作为观念文化，即体育人员头脑承载的思想方法来指导人的行为；二是通过体育道德、各种制度和规范来间接地发挥作用。体育哲学作为体育全部工作、全部行为的方法论原则，体现了体育文化鲜明的个性特点。它使竞争日益激烈的体育行为时刻面临着选择，寻找着新的训练方法和契机，辩证地分析和对待一切有利和不利因素，正确的估计自己的水平和面临的形式。体育经济学、体育心理学、体育美学和各科的训练学都从体育的某一角度论证了体育文化的特征和内涵，说明了体育文化的多极化和宽位性。

## 二、体育情感

情感是人类所特有的一种心理状态。体育情感是作为主体的人对客体体育活动是否能够满足其自身需要而产生的态度、评价或主观体验。人们在参加体育活动的过程中会产生很多反馈，但反馈的不是体育活动本身，而是人对体育的需要以及体育对人的作用等问题。一旦体育满足了人们的情感需要，那么人们就会产生积极的体育情感，反之就会有消极的体育情感产生。积极的体育情感主要表现在以下几个方面。

### (一) 体育情感激发人们参与活动心理

人们在参与体育活动的过程中，由于体育活动的激烈竞争，不但要求人们有一定的体力，还要有一定的技术、技能作保证，同时在这个过程中还要有一定的智力活动。这样，当体育活动满足了人们的需要时，就激发了人们积极主动参与体育活动的热情，也可以说激发了人们参与体育活动的心理和参与体育活动的意识。

### (二) 体育情感驱使群众认识体育活动

在从事体育活动的过程中，体育活动刺激了作为主体的人，或者说某些体育信息符合或满足了人们生理、心理上的需要。人们从体育活动中得到了愉快、满意的情感体验，从而去接近体育、参与体育活动；相反，如果人们在从事体育活动的过程中没有得到满意的情感体验，就会有疏远体育、躲避体育和抛弃体育的心理倾向。体育情感的这种两极性质，促使人们利用强大的内驱力对心理进行复杂的调节，从而推动人们不断去探索体育世界的奥秘。

### (三) 体育情感激发个体创造性思维

在自由奔放的体育活动过程中人们可以有很愉悦的情感体验，这样就可能把人体内的各种潜能完全释放出来，使人们长期积聚起来的各种信息全部处于激活状态，从而为直觉、想象和灵感的产生提供一种最佳的心理环境。

## 三、体育道德

体育道德是体育在训练和比赛中用以处理内部关系以及体育与公众关系的行为准则。它是围绕体育的全部活动和工作生成发展起来的，是体育价值观的具体化和道德表现。体育道德虽然不具有法律那样的强制力、约束力，但它有着较为广泛的适应面、较大的作用场。

首先，体育道德起着联结个人道德和社会道德的中介作用。个人道德是个体行为的产物，是个体生活经历和社会经济地位在个人语言表达、态度和处理标准的反映；社会道德是社会生活的抽象，全部社会人是社会道德的主体。体育道德是教练员、运动员和体育员工的个人道德在体育领域内的表现。其次，体育道德的培养和弘扬，有利于体育效应的传播和发展，也有利于体育地位的确定和提高。因为体育是以竞争为特点、以获得名次为目标的行业，因此体育道德还具有较强的感染力和号召力，特别是对青少年共产主义道德的形成有着不可估量的推动力。再次，体育道德的培养和形成，有利于激发体育从业人员主人翁意识和社会责任感，克服个人名利与社会责任相背离的现象，保证在获得最好成绩的同时，把集体荣誉、国家尊严社会奉献放在主导位置上。

## 四、体育价值观

体育价值观是体育从业人员和所有关心、爱好体育的人员对体育活动的意义或重要性的总评价、总看法。它是体育从业人员的价值取向，是从业人员价值观念在训练比赛中的沉淀，是体育一切工作的基本价值观念和价值依据。

体育价值观有以下特点：首先，体育活动中的各种价值观念、价值追求、价值标准都同争取冠军和名次相联系，都以训练、比赛活动为依托。没有不想当冠军的运动员，也没有不想创造好成绩的运动队。当冠军和创造好成绩是体现价值观的最高追求。其次，体育价值观最具有竞争性。体育活动本身时刻都处在竞争之中，这也就决定了体育价值观的形成、强化和发展必然同竞争机制相联系，同优胜劣汰、强者生存相吻合。再次，体育价值观具有认同的精确性。体育价值取向必须能提高运动员和运动队的成绩，提高提高运动水平，获得好名次。因此，体育价值观的认同具有精确的统计数据和可靠的实地测量，这种认同是可信的、可测的，是有科学依据的。最后，体育价值观具有机制整合性。从其功能、作用机制上看，体育价值观是多元整合而构成的复合价值系统，它从总体上看，不仅仅是体育训练和比赛活动，而是具有导向、规范、促进、号召和凝聚等功能。人们参与体育训练或比赛，或者观看体育比赛或表演，不只是为了满足一种体育享受，而是包含了多种价值追求，如伦理道德追求，社会效应和社会奉献追求追星愿望的实现等多个子系统构成的复合价值系统。

## 五、体育精神

人们从崇拜自然、敬畏神明，到寻求真理、开拓文明，无一不在证明着一件事：精神上的觉醒对推动时代进步有着重大的作用。当人们的大脑真正运转起来，精神上的站立也就宣布着文明时代的到来。这其中自然也包含着对身体健康、对肉体极限突破的追逐，即体育，同时也就有了所谓的体育精神。体育精神是体育基于自身特定的性质、任务、宗旨和时代发展要求，为争取最佳成绩而培育出来的竞争意识和群体精神。它是体育从业人员健康向上、永不言败心态的外化。是教练员、运动员和体育爱好者对体育的信任感、自豪感和荣誉感的集中表现。

　　体育精神的核心是超越。超越不仅可表现为超越自我，追求更完美，而且超越有不同的层次和方向。在西方哲学上有"横向超越"和"纵向超越"之分。"横向超越"，是指从在场的东西超越到不在场的东西。所谓在场（presence），是指当前呈现或出席之意；所谓不在场（absence），是指未呈现在当前或缺席之意。所谓横向，就是指从现实事物到现实事物。纵向超越，是指从表面的直接的感性存在超越到非时间性的永恒的普遍概念中去。通过横向超越，把在场与不在场的东西结合为一个整体，这样，就能真实地了解和把握当前呈现的东西。通过纵向超越，就能达到对外在客观事物本质的把握和追求。体育精神的超越，可总体概括为：超越自我，追求成功，超越有限，追求无限。超越自我和超越有限，在超越的方向和层次上有所不同。超越自我，追求成功，是横向超越；超越有限，追求无限，是纵向超越。

　　体育精神经常与体育运动背景中的赞赏行为相联系，然而，体育精神并不仅仅体现在竞技场上，它也常常被扩展至生活的其他领域，尤其是那些关注公平竞争的领域。从实践的角度理解体育精神，可以看到它主要包含着体育造就及人们在体育运动中所体现的宝贵品质，并为社会观念所积极接受的积极意识，那就是 fair play（公平竞争）、sportsmanship（运动员风范、光明磊落）和 teamwork（合作精神）。公平竞争，体现的主要是仲裁和法则精神；运动员风范体现的则是运动员如何遵守规则的义务和在体育运动中所体现出的精神风貌；合作精神则体现的主要是同一队伍中的队员如何分工协作、同仇敌忾、共同对外的价值。以上所有这些，至今都是人类社会生活中的最重要的价值理念。

## 六、体育目标

　　中国的体育目标任务应是中国体育目的的体现，业已确定的体育目的，是中国体育工作的基本方向。要实现体育目的，就必须完成相应的目标任务，主要包括以下四个方面：

### (一) 增强体质与健康

增强体质、增进健康是中国体育的根本目标，也是中国体育目的的核心内容。

体质是一个重要概念，它指人体的质量，即在遗传性和获得性的基础上表现出来的人体形态结构、生理机能和心理素质的综合的、相对稳定的特征。在人的整个生命活动过程中，体质表现出明显的个体差异性。这种个体差异性与个体的个人生命以及发展状况密切相关。从这个意义上讲，体质是在先天的基础上因后天诸多因素的影响而形成的，其中经常地、科学地进行体育运动对体质的改变最为积极有效。

健康是一个更为广泛的概念，包括身体、心理和社会三个维度的完美状态，是一种三维健康观。增进健康主要表现在延年益寿、预防疾病两个方面。但是人在与大自然斗争的过程中，不能仅仅满足于身体健康，还要在健康的基础上，进一步使体格健壮，使体能得到充分发展，只有这样才能使日常生活有更坚实的身体保障。从这个意义上说，健康是进一步增强体质的基础，增强体质则是在健康的前提下，人体形态和机能的进一步发展。而体质在很大程度上反映了人的健康水平，体质增强为获得健康的体魄奠定了物质基础。体育锻炼是实现增强体质、增进健康的积极有效的方法。体育锻炼能使人由弱变强，提高工作效率，延缓衰老过程。利用体育手段增强体质、增进健康，必须因人而异，根据自身的实际情况和需要，选择相应的内容、方法和手段，采用适宜的负荷，循序渐进，持之以恒，才能达到预期的效果。

### (二) 提升国际体育竞争力

提高运动技术水平，攀登世界体育高峰，是中国体育的重要目标任务之一。一个国家运动技术水平的高低，反映出国家体育事业的发展水平，同时也反映出一个国家的综合国力。运动技术水平是国家经济、文化、科技、教育发展水平的综合体现，也是一个国家或民族精神面貌的反映。所以，世界各国重视人们身体健康的同时，也非常重视运动技术水平的提高。中华人民共和国成立以来，中国体育运动事业发展迅速，特别是改革开放以后，随着中国经济发展水平的不断提高，体育事业得到长足发展，中国运动技术水平迅速提高，一些竞技项目在国际上也具有领先水平。在奥林匹克运动会以及一些其他国际比赛中，中国运动员取得了十分喜人的优异成绩，不仅为中国争了光，提高了国际威望，而且也促进了中国与世界各国的交往和友谊，极大地振奋了民族精神，鼓舞了人民的斗志，成为振兴中华的强大的精神力量。

### （三）丰富精神文化生活

在现代社会中，体育已经成为人们生活方式的一个组成部分。随着中国人民物质生活水平的提高，人们在紧张的工作、学习之余要求有丰富的文化生活，以满足日趋发展的精神需要。体育运动作为人们用以消磨闲暇时间、维持健康和容易被接受的休闲方式，已经成为现代人的生活理念，一些传统的、缺乏活力的、不健康的休闲娱乐方式被取代。现代研究发现，适宜地参加体育运动不仅使人们的机体更加健康，而且还可以满足人们的多种社会需要，如社会交往、净化情感、发散精力等。同时，欣赏高水平的体育比赛、表演，也是丰富人民精神生活的一项重要内容，不仅可以激励人们积极参加体育锻炼，推动群众性体育活动的开展，还可以让人们在欣赏高水平的体育比赛中调节精神、愉悦身心、陶冶情操。

### （四）提高国民素质

从思想上、精神上和文化知识上提高国民素质也是体育的基本目标任务。体育自产生之日起就是教育的重要组成部分。在社会领域，体育是一种具有特殊教育意义的社会活动，提高国民素质是其主要目标之一。素质包括身体层面的素质、心理个性层面的素质和社会文化层面的素质，而社会文化层面的素质又可分为思想道德素质、文化科学素质和审美艺术素质、劳动准备素质，它反映了一个人的思想觉悟和文化修养的程度。体育运动中的思想品德教育，主要包括培养共产主义道德、良好的意志品质以及优良的体育道德作风等。

## 七、体育制度与法规

随着社会政治和经济的发展，必然要求加强体育法制建设，深化体育改革，实现依法行政、以法治体。社会体育要发展，也必须依靠法律确定它在体育事业和社会发展中的地位，依靠法制手段保障和促进社会体育的发展，以法律来保护公民的体育权利，以法纠正和制裁各种侵犯合法体育权益的违法行为等。在中国体育管理体制不断改革和完善的过程中，建立和完善社会体育的法规和制度势在必行。实践证明，体育事业的发展主要得益于改革，体育改革的推进又需要体育法制的支持与保障。近十几年来，随着中国体育改革的深化和体育事业的发展，体育法制建设也取得了长足的进步，其基本标志是：体育系统普法教育取得成效；体育工作者的法律意识和体育法制观念有所增强；体育法制工作受到重视。体育法的颁布实施，结束了中国体育战线无部门基本法可依的历史，加快了配套体育立法步伐，促进了体育行政部门的职能转变，增强了体育行政部门依法行政、以法治体的能力；适应社会主义市场经济体制，体现体育改革成果，促进体育事业发展的体育法规体系的框架形成；体育法制工作队伍逐步建立，体育执法监督检查工作开始起步。

在充分肯定中国体育法制建设成绩的同时，仍要清醒地认识到，体育法制建设仍是体育工作中的一个薄弱环节，体育法制建设相对滞后的状况并未得到彻底改变。主要表现在：体育队伍的法律素质还不高，依法行政、以法治体的观念还没有牢固地树立起来；体育法的学习、宣传还不够深入；解决困扰体育改革和体育事业发展的一些重点、难点问题的立法还不多；体育执法队伍还不够健全，执法监督也不够有力；体育工作的很多方面尚未纳入依法管理的轨道。

# 第二节　基于互联网的体育文化传播

## 一、基于互联网的体育文化传播方式

互联网的发展创新了体育文化的传播方式，尤其在网络技术高度发展的背景下，网络技术的进步促进了自媒体、融媒体的繁荣发展，使得体育文化传播的方式从传统化向数字化发展转变。现阶段，最为常见的体育文化传播媒介主要有电视、报刊、广播和网络媒体等媒介。

### （一）电视传播

电视传播是传统媒体中应用最为广泛和最为普遍的一种方式。在这种媒介的传播方式下，体育文化有着庞大的受众基础。当然，这也是社会大众最容易接受的一种方式，已成为人们了解各种体育活动、体育赛事和体育新闻的重要渠道。而在互联网的影响下，电视传播方式也在发生微妙变化，电视更为智能，人民对于体育文化相关知识的了解有了更多的选择性。例如，对于体育赛事的观看，不再受到时间的限制，可以重复播放。电视传播仍然是现在体育文化传播的重要传播方式之一。

### （二）报刊传播

报刊传播也是体育文化传播的一种形式，只不过这种传播方式没有电视传播的辐射范围广。然而，需要指出的是，在互联网发展的影响下，报刊应分为两种类型，一种是传统的纸质报刊，一种是数字化报刊。现阶段，数字化报刊呈现出高度发展的趋势，网络体育报刊开始走向大众的视野，人们对于报刊的订阅呈现出多元化的趋势，使得体育信息获取更为及时，这对于体育文化传播也是非常重要的。

### （三）网络传播

随着互联网的发展和进步，互联网已经与体育形成了高度的融合发展模式，网络媒介进一步丰富了体育传播渠道和方式。例如，体育网站、论坛等已成为体育爱好者交流沟通的主要媒介。另外，自媒体、融媒体、手机应用软件等新媒体也是百花齐放、百家争鸣，极大地丰富了体育视频、音频以及图片和新闻等的传播。同时，体育受众可以通过网络媒介在第一时间了解到体育动态信息，使得体育文化的传播更具有交互性、动态性和及时性。网络媒介成为目前社会大众接受体育文化，了解体育精神，享受体育文化的重要途径。

## 二、基于互联网的体育文化传播重要性

当前网络技术在各领域的发展当中得到了应用，网络技术应用的价值愈来愈高，处在互联网高速发展的时代背景下，将网络技术和体育文化的传播工作相结合，就能发挥其积极作用，体现在以下几个层面。

### （一）实现体育文化传播大众化

互联网日新月异的发展现状对体育文化传播的作用较为突出，网络技术科学化运用，有助于促进体育文化传播的大众化目标实现。网络技术的实际应用能够发挥信息传输迅速的优势，将体育文化以多样化的形态通过网络技术加以呈现，人们只要利用网络就能方便地了解体育文化的内容，促进大众加深体育文化的认识了解。

### （二）实现体育文化传播现代化

互联网技术的应用下进行传播体育文化，有助于实现传播现代化的目标。网络宣传的优势要比传统的媒介宣传的优势要突出，通过互联网技术科学化运用有助于将体育文化传播向着现代化的方向转变，保障网络信息传播的质量。新的信息传播的方式也符合人们接收信息的习惯，从而提高信息传播的效率。

### （三）实现体育文化传播国际化目标

互联网全球大范围覆盖的发展现状下，有利于体育文化实现传播实现国际化的目标，通过发挥互联网技术的作用，将体育文化形式多样化地呈现出来，通过网络平台来向世界展现中国传统体育文化的独特魅力，有助于国家社会加深对中国体育文化的认识了解，从而有助于中国文化的输出。

## 三、基于互联网的体育文化传播特点

### （一）自由性

随着互联网环境的快速发展，媒介在传播介质的选择上也大为提高，传统的体育赛事往往需要观众到现场观看，或是在家中通过电视收看直播或转播。在互联网媒介的影响下，体育赛事有了更为便利的保存介质。通过对数字化的模拟信号进行采样、编码、处理和传播，为观众提供更为广泛的体育赛事观看基础，让不曾亲临现场的观众通过赛场上不同角度的动态摄影更为深入地了解到赛事现场的情况，通过网络打破时空阻隔，让世界各地的观众都能分享精彩的体育赛事。通过互联网媒体的"数字介质"和媒介传播的"波"完美融合，促进体育文化的广泛、快速传播。利用互联网的基础，不仅仅可以跨时空地播送推广体育赛事，在一定程度上还可以促成体育文化的互动生成。网络跨越的时空优势，不仅为体育文化的健康传播提供了更为广阔的繁衍空间，同时也为体育爱好者提供了更为自由和自我的体育文化的发声权利。

### （二）交互性

科技领域的延展不仅为体育赛事视频传播提供了更大空间，也拓展了体育爱好者参与体育的方式。以中国为例，在中国传统文化中，体育被夹杂在军事训练或贵族特别节日里的消遣当中。然而在今天，体育活动成为大众娱乐、健身的主流方式。文化内涵随着人类生活方式的改变而逐渐发生变化。当前的科技影响下，人们生活智能手机替代了传统的电脑，成为获取资讯的主要媒介，智能手环、智能手表、智能眼镜等智能可穿戴设备的介入也将从根本上改变体育文化在当前社群中的定位和认知。以智能手表为例，随着被人佩戴的次数累计以及对人们活动习惯的收集，智能设备将能够提醒佩戴者及时运动，防止身体出现劳损。并且智能手表可以上传一天运动的数据至社交网络，朋友圈中好友的互相比较也能够激起个体的竞争意识，有效地培养个体自身的运动习惯。

从某种程度上来说，智能设备提供给体育参与者以更为广泛的接触体育文化的机会，使运动个体之间、个体与体育赛事之间、体育赛事的文化拓展和碰撞之间更为有效地促进其文化的延伸，通过交互中的碰撞，从而使体育文化获得更为深层的文化建构与拓展。

### （三）衍生性

网络媒介的传播程度加深，文化的交互碰撞影响力就会随之加大，同样也给体育文化带来了衍生的特质。所谓衍生，被人们指称为一种人类文化的再产生过程。媒介的空间领域广阔，人群在网络社区聚居讨论的同时也带来了文化内涵的淘洗。大型社交媒体在体育文化的衍生中往往会带来更为深层的文化内涵。譬如2022北京冬奥会期间美国运动员特莎·莫德在个人社交媒体账号上多次发布动态，表达自己对中国美食、文化的喜爱，而这份喜爱也使越来越多的中国网民关注到这位运动员并在其社交动态下积极评论。这种情形下，网络社交已经不再是简单的交流想法的工具，而是更迅速地拉近不同地区、国家社会大众之间心理距离的媒介，并由此带来更深层次的文化交流。

### （四）沉浸性

沉浸性代表的不仅是一种体验方式，更是一种态度。基于传统电视放送为主的赛事转播的角度，观众作为观看的受众群体，只能单方面地了解或被动接受赛事的体验，并不能根据自己的兴趣深刻了解体育赛事的背景和文化内涵。尤其是一部分新兴的体育运动项目，观众对其了解和接触都比较少，对这项体育赛程的发展历史背景、比赛的基础规则、参赛选手的战绩历史缺乏基本的认知，而电视转播也不能全面地解读赛事的基本常识。通过互联网的百科类网站的社群交流以及网络媒体大众平台上的多角度传播，体育爱好者能够多方位地去了解相应的体育文化内涵和历史脉络，并且在对其项目熟悉、解构、建构的过程中，潜意识地推动对互联网的了解，对于改变传统的体育认知模式和观赏方式都是有所裨益的。

## 四、基于互联网的体育文化传播问题

### （一）传播内容娱乐化

在传播内容层面上，相较于体育文化中的人文价值解构，互联网自由媒体转载的内容更倾向于进行体育赛事本身输赢的体育新闻报道。分享的内容多为个人参与体育竞技时的感受以及个人对竞技体育的看法，缺少大众化一般性的体育文化挖掘和解读。另外，出于经济收益和点击量的考虑，互联网自由媒体对体育明星的报道过于注重娱乐性，过度关注体育明星的花边新闻和时尚写真，缺少对于体育明星在推广某种特定体育运动、弘扬体育精神文化方面的报道，缺失了体育明星作为公众人物所具有的教育和示范价值的宣传。

### （二）传播效果短时化

在传播效果层面上，自由媒体在信息传播上只能维持短时间内的连贯性和关注度，无法做到某类体育文化信息长期持续的传播。诚然，这种短期热度现象的形成有信息传播自身难以避免的客观原因，但紧跟当下节奏、追逐最新热点，也有媒体的利益考量：自由媒体需要维持点击量才能在网络空间内生存，才能让自己的声音被更多的人听到，才能树立自己的品牌，才能产生网络影响力。这种"狗熊掰棒子"式的传播模式对于自由媒体的成长来说固然无可厚非，但对于体育文化传播来说却有致命的缺点：许多只在特定节日举行的少数民族体育运动、地域性体育文化、门派内部体育文化都在网络信息长河中昙花一现，来不及在广大受众心里沉淀、融合、升华就已经被遗忘了。

### （三）传播主体鱼龙混杂

在传播主体构成层面上，自媒体过多，商业媒体较少；普通民众多，专业媒体较少。这一特点在传播效果上的体现就是传播信息的杂乱无章和低质量，大量语句不通、甚至低俗的信息大量充斥着各大体育视频网站的互动区和各大体育互动平台的讨论区中，掩盖了本身具有传播价值的信息，降低了体育文化信息的传播效率。

## 五、基于互联网的体育文化传播策略

### （一）坚守"以人为本"理念

体育文化的传播其最根本的目的就是培养人们的体育意识，增加受众对体育的了解，使得人们可以进行体育锻炼，增强体质。由此可见，体育文化的传播对人的发展显得尤为重要。在体育文化的传播过程中有利于人们树立正确的体育价值观。坚持以人为本的理念，在传播中健全全面发展的传播观。满足受众的不同要求。例如，在 2022 年北京冬奥会上，互联网站就推送了关于奥运会的精彩视频；腾讯网、新浪都推出一系列专题栏目丰富人们对于 2022 年北京冬奥会的了解。除此之外，新浪网还制作了大型奥运会互动社区，让受众可以切身体验其中的快乐。这一系列的传播形式在一定程度上满足了受众对体育文化的需要，从而达到良好的传播效果。

### （二）培养品牌力量

品牌效应对于一个行业的发展是十分重要的。体育文化的传播要想具有竞争力，就必须要建立良好的发展战略，实现可持续发展。例如，央视体育频道在利用有限体育文化资源的同时，还坚持了体育文化可持续发展战略，成为国际重大体育赛事报道和播出的固定频道。除此之外，一些地方电台，也在结合自身的特点寻求发展路径。例如，河南电视台的一档节目《武林风》就是一个大胆的尝试，而且《武林风》在传播体育文化的同时，也弘扬了中国的传统武术，并且取得了不错的成绩，是一举多得的好节目。

### （三）采用多种渠道

新旧媒体的大融合已经成为大势所趋，新旧媒体之间各具优势，他们之间只有相互融合，形成互补优势，才可以取得长足的发展。传统媒体的优势在于：它的真实性是远远凌驾于新媒体之上的。新媒体的优势在于：传播速度快、传播范围广。因此，在进行体育文化传播时就应该加强传统媒体与新媒体的相互融合，优势互补，扬长避短，从而实现资源的快速化共享。媒介融合也可以提高体育文化传播的力度，实现体育文化传播的最终目的，造福于受众。现在受众接收信息的方式与途径也越来越多样化，为了适应这一变化，体育文化传播自身也要进行必要的调整，在多个方面进行调整和改革，从而使得在多媒体协作方面的能力有所加强，提高体育文化传播能力。

### （四）促进文化交流

互联网时代有利于体育文化的进一步扩大与发展。早在中国古代，体育文化就开始发展与传播了，但是由于古代交通闭塞，各个流域与部落之间的交流更是少之又少，所以体育文化的传播是十分局限的。还有，由于受封建思想的影响体育文化受到门派、地区等一系列因素的限制，所以体育文化的交流是十分严格的。一些民族特色的民族传统体育由于私有或者是地方进行保护，使得它们也得不到广泛的传播。在现代，随着经济的不断发展，体育文化的传播又不可避免地被贴上了商业化的标签。这些狭隘的思维都不利于体育文化的传播。互联网时代，网络具有生产与改造文化的功能，在对历史文化、异域文化的传播与发展方面具有传统媒体所不具备的优势，对于体育文化的传播发展起着具有至关重要的作用。

### （五）健全传播体系

互联网时代环境下，所有的信息传播都是相互的，如果没有完整的传播体系，信息的传播就会有枯竭。所以利用互联网进行体育文化传播的过程中，要建立和完善信息传播体系，兼具开放性、包容性等特征，从而促进体育文化的传播。扩大在网络与现实等各个领域体育文化的影响力，增加受众。同时，新媒体作为互联网时代体育文化传播体系中的主体之一，应不断完善，提高新媒体整体素养。

# 第三节　现代体育文化的全球化与产业化发展

## 一、现代体育文化的全球化发展

### （一）现代体育文化全球化的含义

具体来说，体育文化全球化的含义主要从以下两个方面得到体现。第一，体育文化的全球化一方面体现出一种单一化的过程，它表现为世界上各异的优秀的多元体育文化共同契合人类现代社会的发展内涵及精神，共同形成一种能够促进人类和谐发展的体育文化生态体系，且在价值观念上逐渐实现趋同化；另一方面，伴随这种单一化过程的是"民族化"和"多样化"，即多样体育文化存在于不同的形式，充分显现了世界体育文化体系的丰富性和多元民族文化的表现形式和内涵。第二，体育文化全球化是一个不断整合的过程，它将各种不同形式的体育文化整合在一起。体育文化整合的具体表现是，不同的体育文化逐渐积极地融入同一个文化体系中。从深层看，"体育全球化"和"体育本土化、民族化"作为现代体育文化发展中出现的普遍现象和基本规律，是既相对立又相统一、相辅相成的过程。在体育文化整合的过程中，各个传统体育文化的民族性和独立性以及民族特色将会得到进一步的加强。最后呈现给世人的是，体传统体育世界化和民族化的统一。

### （二）现代体育文化全球化的重要性

全球化对于各民族文化发展的意义在于，既创造了丰富的资源共享环境又激发了在竞争中生存和发展的活力。中国具有民族性的体育文化全球化也同样面临着西方体育文化走进来的挑战和中国体育文化走出去的机遇。在这种情况下，一方面要积极应对挑战，另一方面也要抓住机遇把优秀的具有民族性的体育文化推出国门，在全球范围内弘扬和发展。

在全世界传承和发展中国体育文化的任务下，最主要的是先要认清中国体育文化全球化发展的价值所在。中国是一个历史悠久、文化底蕴深厚的大国，中国体育文化的生长有着富饶、肥沃的土壤，中国有已经为世界所熟知的武术文化、太极文化以及导引文化，还有上千项民族性体育项目，如蒙古族的摔跤、射箭、赛马，苗族的赛龙舟、荡秋千，藏族的赛牦牛以及多地都有开展的风筝、秧歌等等，每一个体育项目都有着深厚的历史文化积累，都蕴含着中华儿女的智慧结晶。

加速中国体育文化的全球化进程，有益于其自身的传承和发展，让世界人民更多地了解中国的体育文化进而对中华文化有深刻的理解，让全世界首先从文化领域认识中华民族。同时，中国的体育文化全球化也为世界各国文化注入了新的活力，为世界文化土壤注入了养分，各国人民都会从中受益。总之，中国民族特色的体育文化全球化对世界各国国家层面的政治、经济的交流与发展以及群众层面的促进身心健康、提升生活品质，都具有非凡的价值。

### （三）现代体育文化全球化的必然性

在全球化的背景下，中国体育文化的全球化发展是必然的，这是因为其全球化有着内在与外在的双重动力。

1. 体育文化全球化的内在动力

根据马克思主义的经济学理论，经济关系是一切社会关系的基础，作为人类精神生活及其活动产品的文化也不可避免地受经济基础的影响。自改革开放后，中国的文化发展道路是具有中国特色的社会主义现代化道路，那么曾经依附于农耕经济的中国体育文化也必然逐渐拥有社会主义市场经济特征、进行现代化的转换。这种转换是由中国社会形态的发展规律决定的，具有紧迫性和跨越式的诉求。中国体育文化发展也是如此，其发展遵循文化发展规律以融入文化全球化的内源诉求，这构成了中国体育文化全球化的内部动力。

2. 体育文化全球化的外在动力

世界各国的体育文化全球化并不是有序地、均匀地、平稳地进行的过程，相反，这是一个没有硝烟的战场。全球体育文化的竞争格局中，西方竞技体育文化以其主导性来势迅猛，中国的体育文化则处于相对劣势地位，不断受到威胁和挤压。这一现象无疑是中国体育文化在竞争中的不利局面，但也提供了其全球化的外在动力。在这种全球化语境下，中国体育文化全球化必须努力争取中国体育文化主体地位，保持民族的体育文化独立性以及民族特性，提升文化的竞争力。

总之，全球化的自觉性以及在全球化竞争中的受压迫性，为中国体育文化的全球化提供了内部动力和外部动力，在双重动力的推进下其全球化的发展成为必然结果。中国体育文化全球化也即现代性的全球化，它根植于现代性的蔓延和扩张，有赖于信息技术和传播技术的现代化发展。

### （四）现代体育文化全球化的难题

#### 1. 体育文化全球化发展动力弱

随着中国对外开放的程度进一步加深，各种外来体育文化进入到中国境内，在一定程度上对中国传统体育文化造成冲击，而部分传统体育文化更是面临着消失的境地。虽然中国社会经济的发展在一定程度上为传统体育文化发展创造了有利条件，但是与现代体育文化相比，传统体育文化仍然处于相对弱势的状态，而产生这一情况的主要原因在于西方体育文化的影响以及国人对于传统文化一定程度上的轻视与价值观念上的不认同，进而导致当前中国传统体育文化在发展的过程中，呈现出外热内冷、后继乏力、衔接无序的情况，缺乏根本上的发展动力，进而限制了中国传统体育文化的进一步传承与发展。

#### 2. 体育文化全球化发展差距大

就种类而言，中国传统体育文化自身具有丰富性，可以被分为竞技体育、休闲娱乐体育以及健身养生类三种主要形式，由于其自身在发展的过程中具备丰富的内涵，因而在时代发展的过程中被广泛传承。然而，受到外来体育文化的影响，中国民族传统文化正在不断遭受冲击。随着全球化的进一步深入，当前世界文化对于中国传统文化的影响正在逐步显现，而原本体育文化传承与发展的方式也早已无法适用于全球化的时代背景，这使中国在民族传统体育文化理论体系方面的研究基础相对薄弱，并且在文化观念、价值观念也与世界文化之间存在着明显的差异，最终导致中国民族体育文化传承与发展受限这一消极状况。

#### 3. 体育文化全球化发展不均衡

由于中国是一个人口众多且人民族众多的国家，而这些民族在发展的过程中会形成不同的传统体育文化，这主要受到地理环境、位置、丰富、民族特点等方面因素与问题的影响，最终形成了百花齐放的状态，传统体育项目资源也较为丰富。然而，在长期发展的过程中，由于社会经济之间的不均衡性，使得各个地区的民族体育文化呈现出不同的特点，而其发展程度也不是十分均衡。

与此同时，随着近几年中国现代化工业、城市化的发展，原有地域传统文化之间的平衡逐渐被打破，外出务工民众的增加也使得民族聚居人口数量不断减少，而生活方式也在逐渐发生变化，这也就使得当前中国传统体育文化的传承与发展载体被消减，进而影响到传统体育文化的进一步发展与全球化。

### （五）现代体育文化全球化的发展策略

1. 引导大众体育，增强创新能力

首先，坚定民族自信心，认识到当前中国体育文化的发展困境，主动接受并感知其他国家体育文化的价值作用。根据当前国民对体育锻炼以及健身等健康理念的认知情况，构建全民健身的良好发展格局。引导国民以及体育事业从业者建立正确的思想观念与发展决心，能够在有效推动体育事业发展的基础上，引导国民正视体育活动的重要作用与影响。

其次，创新民族传统体育文化与精神内涵。利用现代化信息技术手段，宣传民族传统体育项目的有效作用与锻炼方式，能够在有效提升民族传统体育影响力的同时，引导国民重视传统体育文化，理解民族传统体育项目代表的深层次含义与内容。当前社会，大众的生活、工作以及学习节奏较快，承担的各种压力也比较复杂，体育锻炼能够在强身健体的同时，给予参与者思维放空以及身心放松的机会。民族传统体育项目由于类别体系较多，不仅适合中国不同民族群众，也能够给予大众丰富的选择机会。掌握当代不同年龄阶段以及群众的心理特征以及体育需求，能够在有效推广民族传统体育事业的同时，激发国民的民族自豪感以及对民族传统体育精神、文化的荣誉感。

最后，营造良好全民健身发展氛围，建设多元化体育健身成长格局。立足于当前体育竞技发展环境，通过观念引导以及体育项目的宣传，让国民以及相关从业者意识到体育社会化、普及化的发展趋势，能够在有效改变大众对体育认知观念的基础上，满足大众的健身发展需求。进而在不断彰显体育健身发展影响力的同时，制定出科学合理的实施计划与措施。

2. 加快观念开放，形成包容心态

随着社会经济水平以及国家综合发展实力的提升，正确取舍已经成为必然发展选择方式。想要弘扬中华传统文化以及民族传统体育精神，局限性的思想理念可能会面临众多的发展阻碍与困难。包容外界文化，接受并理解全球经济一体化发展趋势，了解中国民族传统体育应当做出的改革与变化，能够快速掌握体育文化发展方向，减少或者避免中国民族传统体育受到的影响与冲击。

首先，学习先进体育发展理念，理解其他国家先进的体育文化与科技发展形势，在适当取舍的前提下，学习外界体育文化的精华与优点。创新发展需求，跟紧时代变化潮流，通过文化间的相互交流与互动，展现中国的民族传统体育竞争优势。

其次，归纳总结中国民族传统体育文化中与其他国家体育文化中的相似点与差异性。总结归类能够快速掌握中国民族传统体育的创新改革方向，立足于全球化体育事业发展的宏观视角，分析内外双方体育文化之间的差异性，能够在迅速调整心态观念的基础上，掌握与世界各国交流、互动以及文化渗透的有效措施，从而探索出适合中国民族传统体育创新发展的未来方向与实践道路。

最后，强化实践探索与互动交流，稳固国际地位与文化输出效果。相对于其他国家与文明的发展影响力，中国具有上下五千年的积累优势，在不厚此薄彼、妄自菲薄的基础上，接纳世界各国文化，并向其他国家介绍中国的发展优势，不仅是与外界交流互动的有效途径，也是展现中国大国文明与气度的重要方法。

### 3. 实现兼收并蓄，构建价值体系

中华民族传统体育文化在价值理念方面和西方现代化的体育文化价值有很大的差别。中国在体育价值精神上追求的是以人为本，有着丰富的人文价值和人道主义精神，但是西方在体育价值理念体现上更加注重竞争，通过竞争获得个人和团队在物质和精神上的提高。针对价值方面的不同，在西方体育文化价值入侵过程中，中国的传统体育文化既不能全盘否定，也不能全盘吸收被同质化。正确的态度应该是一方面要积极与世界现代体育文化进行沟通交流，比如发现两者的共同点，实现共性上的传承，相互吸收以此丰富各自的体育文化价值体系。另一方面是要保持中华民族传统体育文化在价值上的独特性或者说个性，中国的传统体育文化有许多精髓部分，这些部分不但使得中国传统体育文化得到很好的传承与发展，而且还丰富了整个传统文化的价值体系。

## 二、现代体育文化的产业化发展

### （一）现代体育文化产业化的含义

现代体育文化产业是指为现代社会提供体育文化产品的同一类经济活动的集合以及同类经济部门的总和。这里的体育产品包括体育用品与体育服务两个部分。这里的经济部门在中国现阶段不仅包括企业，而且包括各种从事经营性活动的其他机构（事业单位、社会团体、家庭或个人）。体育文化的产业化并不是从一开始就有的，它是在体育事业的基础上发展起来的，体育文化产业具有体育事业与体育产业的双重性。在市场经济时代，传统观念中的一部分体育

事业正在转化为体育文化产业，人们常常把政府体育行政部门管辖下的这类产业认为是体育产业，这是对体育产业的狭义理解；而广义的体育文化产业，是指为社会提供体育文化产品的同一类经济活动的集合以及同类经济部门的总和。体育文化的产业化发展要面向市场，走可持续发展的道路，这是体育文化产业化发展应该遵循的规律和原则。

### （二）现代体育文化产业化的类别

一般将文化产业分为六大基本门类，分别为：培训与教育产业、媒体产业、高新技术产业、智力与咨询产业、休闲产业以及艺术产业。体育产业化发展过程中，也必将依托于这六种产业类型而发展。因此，体育的产业化发展可划分为以下几大门类。

1. 体育培训与教育产业

为了满足社会和大众不断增长的体育需求，在发展体育培训与教育产业的过程中，应实现对体育教学和培训资源的优化整合，实现经营管理的多元化，并发展多种形态的体育培训与体育教学形式。

2. 体育智力与咨询产业

其中包括来源于各种体育科研机构的各种信息、观点、决策、咨询等。这类机构依靠自身的知识和创新意识，通过提供相应的智力支持来获得相应的财富。例如，国外各种专业的体能训练机构，为人们提供专业的体能训练方案。整个体育文化产业系统中，体育智力与咨询产业的发展是其动力性产业。

3. 体育媒体产业

随着竞技体育的发展，体育传媒业也得到了快速的发展。例如，时代华纳曾以 30 亿美元买下了 20 年 NBA 球队洛杉矶湖人的地区转播权。很多顶级联赛的转播费用高昂，媒体产业发展迅速。体育媒体是包括书面、网络、电视等媒体的总称，它专门从事体育报道以及所有与体育相关的媒体文化产业。其主要以传播和宣传为主，主要形式是纸质传媒和电子传媒，在整个体育文化系统中起中枢作用。体育媒体产业对体育产业的发展起着重要的作用，一方面它是体育产业的重要组成部分；另一方面，它起到传导和连接体育文化的主体的作用。

4. 体育休闲产业

体休闲产业是体育产业的重要组成部分，而且，随着人们生活水平的提高和闲暇时间的增多，从事休闲体育的人群也在逐渐增多。体育休闲产业包括体育休闲旅游业、体育休闲娱乐业以及体育健身休闲业等。其特征主要体现为：体育休闲不同于其他形式的休闲娱乐运动，它将休闲与体育运动完美结合在一起，人们在休闲娱乐的同时，也能够实现健身、娱乐等多种目的。另外，它对与人们精神生活的充实和生活品质的提高都具有重要的作用。

### （三）现代体育文化产业化的特点

#### 1. 服务有偿化

由于人们对体育认识的局限和历史体制原因，体育服务是为了更好地实现全民健身和增强体质，这种服务不能是有偿的，而且政府也把体育作为教育、卫生和文化一样的公益性事业进行发展规划，主要由政府通过公益性事业管理向全民提供体育服务。但是这种体育服务随着经济和社会的发展，难以满足人们对体育服务多样性的需求，这也带来了体育服务的产业化。体育产业化是通过市场交换为社会和人们提供相应的体育产品和服务，市场交换自然就涉及一种经济利益交换，因而其服务就是有偿的。这种有偿化的服务一方面刺激体育产业更专业地发展，另一方面能够更好、更全面满足群众的体育需要。体育服务的有偿化不是单纯由政府制定价格，而是遵循市场规律，按照人民群众的消费需求确定，例如各种体育赛事的转播由原来免费转为收费直播，商业健身俱乐部的出现都体现着体育服务的有偿化。

#### 2. 资金多元化

由于人们生活水平的提升，对体育的需求更加多样化和专业化，仅由政府投资进行体育设施建设和相应体育活动推广，已经难以满足人们对体育的要求和需求。体育产业化就是利用市场这一手段，实现体育资金的多元化，主要是投资渠道由原有政府唯一投资转向企业、公司投资为主体的投资模式，资金来源更加多元化，也能更好地为人们提供完善周到的体育设施和体育服务。资金也不仅仅是用于体育设施建设，还包括体育宣传、体育用品销售等。资金的多元化刺激了体育内部以及体育与其他产业的竞争，这对体育自身发展带来了一种"鲶鱼效应"，使得体育良性发展。

#### 3. 经营的商业化

体育产业涉及范围包括体育产品、体育健身娱乐、体育竞赛等方面，如何对这些体育产业进行更科学合理的管理和经营，更好地发挥体育对社会的作用，传统的体育管理方式已经不能解决这些问题。体育产业化就是要引进先进的管理模式和经验，通过市场运作方式把体育推向世界，把体育如同企业一样管理经营。例如中国竞技体育中的足球联赛，以俱乐部形式经营，用商业化模式运作，既为企业带来利益，更满足群众对于体育的消费需求。

### （四）现代体育文化产业化的问题

近年来，体育文化产业化发展成效显著，特别是"体育文化+"的发展建设，成为推动体育产业化发展的重要元素。但是，从发展的现状来看，体育文化产业化发展程度不高、缺乏顶层设计等问题，影响了体育产业化发展的实际成效。

1. 体育文化产业化发展规划不足

体育产业化发展是一个过程，如何实现科学规划，直接关系到产业化发展成效。从当前来看，体育产业化发展呈现出"散""乱"等问题，缺乏战略性发展的有效导入。首先，体育产业格局尚未形成，在产业化发展中，产业布局分散，在一体化产业发展中，缺乏良好的产业环境；其次，产业化发展规划不足，过于强调短期产业经济效益的追求，在长期产业发展规划中，缺乏常态化产业发展构建；最后，产业发展的动力不足，这主要在于产业化发展所需的市场资源缺乏有效整合开发，体育市场资源的不足，影响到产业化发展的实施。因此，从产业化发展规划出发，强化战略性发展布局，这才是新时期体育文化产业面向未来发展的内在需求。

2. 体育文化产业化发展程度不高

体育文化向产业化领域发展，是新时期体育事业内涵式发展的重要内容。但是，产业化发展对体育文化资源、政策环境、市场管理等有更高要求，现有的体育产业发展布局，显然难以支撑高质量的体育产业化发展，发展转型升级有待推进。首先，中国体育文化产业发展的起步较晚，在战略布局中，在体育文化产业资源的整合及开发方面，有所欠缺。如"体育+旅游""体育+彩票"等产业模式，暴露出产业化发展的短板；其次，体育文化产业发展转型升级缓慢，特别是在体育文化制造业、文化创意领域的发展相对缓慢，滞后于快速发展的体育市场，影响到体育产业转型升级的实效性。因此，产业化发展对体育文化资源及要素有了更高要求，现有的产业化发展程度有待进一步提高，有着巨大的发展空间。

3. 体育文化产业化发展政策不完善

政策是促进发展的重要抓手，也是构建产业化发展布局的重要内在要求。从实际来看中国尚未制定实施针对体育文化产业发展的政策，以地方政策为导向的发展情形，难以形成全国一盘棋的发展布局。首先，体育产业发展所需的政策体系尚未形成，在政策引导、产业扶持等方面，中国应立足国情制定与之匹配的产业政策；其次，政府在市场发展引导等方面，缺乏政府职能的发挥，特别是体育文化市场的不良竞争，在很大程度上影响了体育文化产业多元化发展；最后，政府在体育产业和发展领域，缺乏资金扶持力度，过于强调市场资本的导入，难以形成多层面的体育产业化发展布局。这也说明，体育文化产业化发展，需要强化政府职责，在"政府""市场"等的参与中，优化产业化发展环境。因此，新时期体育文化产业化发展应着力于产业程度的提升，通过发展政策体系的建立，夯实体育文化产业化发展基础。

4. 体育文化产业化发展人才缺乏

人才的支撑是体育产业未来发展的核心环节，作为体育文化产业的组织经营者，不仅需要熟悉市场经济规律，更需要精通体育专业知识、懂经营、懂管理、会运作的人才。这既是社会市场经济发展的需要，更是体育产业未来的诉求。体育产业实体中的人才结构不合理，据对部分体育实体中管理人员的调查，大部分管理人员缺乏现代市场营销与管理知识，急需人才资源的补充。因此，构建与培养城市以及乡村体育文化产业的经济管理人才的体系是体育文化产业化当前面临的一项紧迫任务。

5. 体育文化产业化发展区域不平衡

经济基础决定上层建筑，地区的经济发展实力、居民收入水平、可支配收入等不仅高度影响着群众消费观念，也直接或间接影响着地区消费环境以及地区体育文化产业发展程度。根据社会经济发展的一般规律，地方的经济水平与当地的体育产业发展现状具有一定的关联性，地区社会经济水平、结构水平越高，人们对体育产品消费需求越大，则发展体育文化产业的基础就会越牢固，潜力越大，反之亦然。因此，体育文化产品消费需求必然受到区域经济水平的制约，而区域经济发展水平是以区域经济增长水平为前提的，因此，区域经济增长水平不一制约着区域体育产业的区域发展平衡性。

（五）现代体育文化产业化的发展策略

1. 做好顶层设计

顶层设计直接关系到体育文化产业的质量层级，同时也是构建发展新格局的重要保障。一是各地在体育文化产业发展中，应立足地方体育文化产业资源特色，在特色体育文化产业发展中，形成市场竞争力，能够更好地推动体育产业化发展；二是在体育文化产业化发展，应立足长期战略发展的经济效益，在短期与长期经济效益的构建中，通过长期战略发展导入，优化产业布局结构，以更好地实现体育文化产业的良性发展；三是体育文化产业发展要紧扣实际，要稳扎稳打，切勿揠苗助长，盲目跟风，影响产业发展布局。

2. 国家政策扶持

国家通过优化文、体产业融合制度措施来促进文体产业发展。促进产业融合发展，是当今世界经济发展的趋势，政府部门重新制定文、体产业融合的政策，解决过去文化产业和体育产业界限不明确的问题，开拓一条全新的文化与体育融合发展带动经济腾飞的道路，因此，国家在经济上和政治上应给予体育产业与文化产业融合发展的政策支持，例如，国家在关于文、体融合方面实行免税、增加财政补贴等举措。另外，国家也要对中小企业体育营销方面在政策和经济上加以扶持，加大企业与体育产品的互动，促进文体行业的发展。

### 3. 文体宣发融合

加强和联系体育与文化产业部门的沟通来优化文体产业接轨发展。中国为了加强文化与体育的结合，在一些地方，文化局和体育局进行了合并，虽然在目前的发展中这种合并出现了很多的问题，但它依旧对中国体育产业和文化产业融合发展打下一个很好的基础。体育产业与文化产业的合作，通过对体育产业进行文化的提升，运用文化产业对体育进行包装和宣传，加大消费者对体育事业的关注度；同时，体育部门与网络、媒体、影视、报纸等部门紧密联系，加大对体育文化的宣传力度，注重体育比赛所体现出来的拼搏精神，鼓励人们走出家门锻炼身体，积极参加体育活动。体育部门与文化部门的有效合作，能够促使体育在文化、娱乐、生活、服装等领域取得一定的发展。例如，体育活动所体现出来的是一种团结、奋斗、坚持不懈的精神，文化部门帮助体育产业策划、举办体育活动，公益的体育活动又可以扩大和影响文化企业的发展，在提高企业的宣传力度的同时也提升了经济和文化效益，带动人们的消费，加速货币的流通，也使得体育产业和文化产业与百姓的生活联系更加紧密。

### 4. 推动产业升级

推进产业转型升级，提高产业化程度。转型升级是体育文化产业发展所面临的选择，也是从产业化发展的角度出发，提高产业化发展程度的内在保障。一方面，体育文化产业要摆脱传统产业发展模式，在高质量产业发展转型中，通过体育文化创意产业、智能制造产业的多层级发展，适应新的时代发展要求；另一方面，我国体育文化产业化程度不高，在产业转型升级中，将分散的体育文化产业资源进行整合开发，能够进一步夯实体育产业化发展基础，推动体育文化产业在高质量、内涵式发展中取得实效。

### 5. 号召群众参与

通过大力开展群众趣味性体育赛事来唤起社会民众参与体育锻炼的热情，提高大众群体对体育赛事的认知度与体育意识，提升全社会的参与热情，促使人们热爱体育乃至建立终身体育观。在宣传方式方面也要进行合理化变更，抛弃只谈理论知识的固有思想，运用整体的思维观念把体育提升到更高层次来认知，让社会大众认识到它既是优化经济结构、促进经济增长的重要手段，又是体现民族精神、集体主义精神、拼搏精神、竞争意识的重要载体。根据当地当时实际特点，可重点面向大众发展中、低档次体育健身俱乐部等，大力推进协会实体化发展，并通过协会举办各种体育休闲活动，吸纳会员，壮大队伍，从而大力发展健身娱乐等休闲体育产业。

6. 推进区域融合

确立融合思想，推动区域一体化。人们的精神文化需求呈现出多元化、个性化趋势，这就对体育文化产品提出新的要求。各个地区如何突破体育文化产业融合发展失衡现象，需要进一步解放思想，确立融合思想，推动区域一体化发展。首先，要充分利用地域优势。不同的地区在发展中形成了不同的特色，但是群体效应不强，我们可以充分利用地缘优势，将相邻的地区有机结合起来，从而利用地区体育、文化、旅游等多方面产业资源优势，形成新的体育文化产业格局，从而弥补体育文化产业发展失衡带来的问题。其次，加强集群效应。体育文化产业发展较为薄弱的地区，可以主动与大集团有机结合，利用大集团的资金优势、经验优势和人力资源优势，弥补自身产业发展的不足，从而达到互补的效果，推动体育、文化产业一体化发展。

# 参考文献

［1］安杰．体育教育对非智力因素的培养价值及实现路径［M］．长春：东北师范大学出版社，2018．

［2］陈洁．高校体育俱乐部教学助力校园体育文化建设［J］．山西青年，2021（12）．

［3］陈盛涛．高校足球文化的价值与构建策略分析［J］．智库时代，2020（8）．

［4］陈双双．"互联网+"背景下的民族体育文化传播策略与路径探索［J］．体育风尚，2021（4）．

［5］陈智．高校体育竞技赛事促进校园文化的魅力发展［J］．考试周刊，2017（27）．

［6］程会娜．大学生校园体育文化解析［M］．北京：世界图书出版公司，2018．

［7］程锡森，张先松．休闲健身运动概论［M］．武汉：中国地质大学出版社，2015．

［8］邓清波．新时期高校足球文化发展模式塑造［J］．体育风尚，2019（1）．

［9］董好杰．当代体育文化多维探索与研究新思路［M］．北京：冶金工业出版社，2018．

［10］董守滨．详论中国高校校园足球的系统训练与可持续发展［M］．成都：电子科技大学出版社，2017．

［11］杜志锋．体育与健康［M］．北京：北京理工大学出版社，2019．

［12］段辉巧．校园足球改革背景下高校足球文化的内涵与构建［J］．体育时空，2018（22）．

［13］段绍斌．高校足球运动与校园体育文化构建研究［M］．北京：光明日报出版社，2016．

［14］樊申元．我国普通高校竞技体育价值探析［M］．徐州：中国矿业大学出版社，2007．

［15］樊晓东，杨明，苏红鹏．学校体育文化建设［M］．武汉：武汉大学出版社，2016．

［16］房玫，汤俪瑾，黄金满．思想政治理论课教学过程的优化［M］．芜湖：安徽师范大学出版社，2018．

［17］高进超．大众休闲体育文化与发展探究［M］．长春：东北师范大学出版社，2017．

［18］高里程．互联网时代体育文化传播策略探析［J］．焦作大学学报，2021，35（1）．

［19］关倩倩，伏静．休闲体育对高校校园体育文化建设的影响［J］．西部皮革，2016，38（22）．

［20］郭海芳．新时代校园足球文化建设与科学训练［M］．北京：冶金工业出版社，2019．

［21］郭小晶，张俊霞，张冰，等．高校民族传统体育课程教学与实践研究［M］．北京：中国时代经济出版社，2013．

［22］韩志阳，陈小军，周俊．现代休闲体育文化的发展与实践研究［M］．北京：中国商务出版社，2016．

［23］何杰．高校足球文化建设思路及问题探索［J］．文体用品与科技，2019，3（3）．

［24］侯雁春．从竞技体育角度看高校体育活动及文化发展［J］．文体用品与科技，2018（19）．

［25］黄小波，朱建勇．新媒体视域下体育文化的传播研究［J］．吉林体育学院学报，2017（6）．

［26］黄延春，梁汉平．体育概论［M］．重庆：重庆大学出版社，2018．

［27］纪惠芬．休闲体育文化建设与发展研究［M］．哈尔滨：东北林业大学出版社，2019．

［28］姜华．足球运动文化体系的建设与发展［M］．北京：中国商务出版社，2018．

［29］酒华炜．"校园足球热"背景下高校校园足球文化的内涵与构建研究［J］．南京体育学院学报（自然科学版），2017，16（1）．

［30］康丹丹，施悦，马烨军．高校体育文化建设与大学生体育健康［M］．长春：吉林人民出版社，2020．

［31］柯杨宁，杨宾，冯奇荣．论体育舞蹈与高校体育文化建设［J］．漳州师范学院学报·自然科学版，2010（1）．

［32］赖荣亮．"互联网+"时代的网络体育文化信息传播解析［J］．广州体育

学院学报，2018，38（6）．

[33] 兰涛．跆拳道训练与体育文化［M］．北京：中国政法大学出版社，2018．

[34] 李根．休闲体育与高校校园文化建设策略探索［J］．体育风尚，2021（8）．

[35] 李军．社区体育文化探析［J］．体育世界（学术版），2018（4）．

[36] 李龙．体育产业化的伦理批判［J］．伦理学研究，2017（1）．

[37] 李武绪．当代体育文化学解读［M］．北京：光明日报出版社，2015．

[38] 李渝松．体育教学离不开体育文化的引领［J］．传播力研究，2019（26）．

[39] 梁田．高校民族传统体育教学模式的创新性研究［M］．长春：吉林人民出版社，2020．

[40] 刘兵．新编体育管理学教程 第2版［M］．上海：复旦大学出版社，2017．

[41] 刘从梅．民俗体育与民俗体育文化［M］．南昌：江西高校出版社，2019．

[42] 刘海元．中国大学竞技体育的发展研究［M］．北京：北京体育大学出版社，2007．

[43] 刘红，徐志文，郑志宏．高校体育舞蹈与形体［M］．北京：现代出版社，2014．

[44] 刘欢．时尚健身舞蹈对高校体育文化建设的影响研究［J］．尚舞，2021（22）．

[45] 刘家辰．新时期体育文化产业化发展路径研究［J］．中国市场，2020（21）．

[46] 刘铭良．高校体育［M］．北京：中国铁道出版社，2003．

[47] 刘威．论体育产业与文化产业的融合发展［J］．当代体育科技，2017，7（5）．

[48] 刘伟，肖舒鹏，黄卓．城市体育文化的创新研究［J］．体育科技文献通报，2015（5）．

[49] 陆宇榕，王印，陈永浩．体育文化与健康教育探究［M］．北京：新华出版社，2018．

[50] 吕庆祝，刘玲．新媒体环境下体育文化传播研究［J］．运动，2016（4）．

[51] 马驰，吴雅彬，徐小峰．体育与健康［M］．上海：上海交通大学出版社，2018．

[52] 马克思, 恩格斯. 马克思恩格斯文集（第9卷）[M]. 北京：人民出版社, 2009.

[53] 那小波, 王勇, 吴瑞巍, 等. 大学体育与健康 [M]. 哈尔滨：哈尔滨工业大学出版社, 2017.

[54] 裴彩利. 中国体育文化的全球化策略 [J]. 运动, 2017 (22).

[55] 曲晓波. 基于全球化视野的中华民族传统体育文化的传承与发展 [J]. 体育时空, 2018 (20).

[56] 任晋军, 王肖天. 普通高校竞技体育品牌建设研究 [M]. 上海：上海交通大学出版社, 2020.

[57] 邵源, 李小华. 高校足球运动开展与校园文化建设的耦合研究 [M]. 北京：中国戏剧出版社, 2018.

[58] 宋艳红, 林家润, 孙国强. 大学生体育与健康教程 [M]. 天津：天津科学技术出版社, 2019.

[59] 孙洁. 体育文化研究的多向度审视 [M]. 天津：天津科学技术出版社, 2020.

[60] 孙亚敏, 黎桂华, 崔熙. 高校民族传统体育课程设置与教学研究 [M]. 北京：中国时代经济出版社, 2014.

[61] 唐大鹏. 对城镇体育文化产业发展的思考 [J]. 当代体育科技, 2017, 7 (6).

[62] 陶华滨, 刘中革, 王春. 体育文化研究 [M]. 北京：中国社会出版社, 2002.

[63] 王春. 体育文化传播教程 [M]. 沈阳：东北财经大学出版社, 2017.

[64] 王和鸣. 民族传统体育文化在大学生体育健康教学模式中的融合与发展 [M]. 北京：北京工业大学出版社, 2019.

[65] 王建军, 白如冰. 高校体育文化教育研究 [M]. 长春：吉林美术出版社, 2018.

[66] 王键. 高校足球文化培植路径研究 [J]. 冰雪体育创新研究, 2020 (13).

[67] 王启明, 曲宗湖. 大学体育新素质教程 [M]. 西安：西安电子科技大学出版社, 2016.

[68] 王莹. 体育舞蹈"中国化"研究 [M]. 长春：吉林美术出版社, 2017.

[69] 吴江. 体育教学与文化融合 [M]. 北京：冶金工业出版社, 2015.

[70] 吴琼, 周坤. 试论体育舞蹈对高校体育精神文化的促进作用 [J]. 体育科学研究, 2013 (1).

［71］肖洪凡，刘晓蕾．休闲体育课程建构理论与实践研究［M］．石家庄：河北人民出版社，2019．

［72］邢登江，刘国庆，尹宝玉．大学体育 第3版［M］．北京：北京航空航天大学出版社，2008．

［73］徐勤．体育文化对体育院校思政课教学影响研究［J］．群文天地，2011（21）．

［74］薛文忠．当代武术与民族传统体育专业人才培养模式［M］．长春：东北师范大学出版社，2017．

［75］杨建成．民族传统体育发展研究［M］．南京：河海大学出版社，2015．

［76］尹立波．休闲体育运动文化与实践［M］．北京：新华出版社，2017．

［77］于炳德．高校民族传统体育教学改革［M］．哈尔滨：哈尔滨出版社，2021．

［78］于可红，张俏．世界一流大学与体育文化互动发展研究［M］．杭州：浙江大学出版社，2015．

［79］岳抑波，谭晓伟．高校足球运动理论与战术技能研究［M］．长春：吉林人民出版社，2019．

［80］臧彤，王海坤．体育、文化、旅游产业融合发展的困境与思考［J］．长春大学学报，2019，29（12）．

［81］张敏青，李文平．高校竞技体育：大学体育文化发展的有效载体［J］．浙江体育科学，2019，41（6）．

［82］张明波．学校体育文化研究［M］．北京：光明日报出版社，2017．

［83］张鹏作．高校体育文化教育与运动研究［M］．长春：吉林科学技术出版社，2020．

［84］张天聪，葛耀．高校休闲体育文化的构建［J］．体育世界（学术版），2020（3）．

［85］张旭．体育文化与全民健身［M］．长春：吉林文史出版社，2017．

［86］张选静．新时代高校竞技体育发展趋势及实现路径［M］．长春：吉林人民出版社，2019．

［87］张颖．儒家传统文化与当代中华体育精神的构建［M］．北京：文化发展出版社，2017．

［88］张志华．我国高校竞技体育人才培养的理论与实践研究［M］．北京：化学工业出版社，2015．

［89］章罗庚．校园体育文化导论［M］．长沙：湖南大学出版社，2009．

［90］赵爽．全球文化背景下民族传统体育发展的思考［J］．文体用品与科技，

2022，1（1）.

［91］郑焕然．大学体育文化与运动教程［M］.北京：北京理工大学出版社，2020.

［92］郑祥荣．现代城市体育文化发展研究［J］.吉林体育学院学报，2009（5）.

［93］周丽君．我国大学体育文化演变的解释性模型研究［M］.杭州：浙江大学出版社，2011.

［94］周鹏．基于校园足球改革背景下高校足球文化的探讨［J］.冰雪体育创新研究，2021（8）.

［95］朱宏庆．高校竞技体育项目的区域布局研究［M］.哈尔滨：哈尔滨地图出版社，2010.

［96］祝文钢，尹宁宁，尚悦．高校体育舞蹈创新与审美研究［M］.北京：人民体育出版社，2017.